AF448679

Eduardo Delgado Orusco

CAMINOS CRUZADOS
7 arquitectos no canónicos

Delgado Orusco, Eduardo

Caminos cruzados : 7 arquitectos no canónicos . - 1a ed. - Ciudad Autónoma de Buenos Aires : Diseño, 2014.

160 p. : il. ; 21x15 cm. - (Textos de arquitectura y diseño / Marcelo Camerlo)

ISBN 978-987-3607-43-1

1. Arquitectura. I. Título
CDD 720

Textos de Arquitectura y Diseño

Director de la Colección: Marcelo Camerlo, Arquitecto

Diseño de Tapa: Liliana Foguelman

Diseño gráfico: Karina Di Pace

Fotografía de portada: David Jiménez

Fotografía de solapa: Miriam García

Coordinador: Javier Rincón Sánchez

Eduardo Delgado Orusco

CAMINOS CRUZADOS
7 arquitectos no canónicos

diseño

CAMINOS CRUZADOS
7 arquitectos no canónicos

ÍNDICE

PRÓLOGO

Salvador Pérez Arroyo

EL SILENCIO DE LA BIBLIOTECA

Este libro de Eduardo Delgado Orusco nos pone en la mesa de nuevo
un tiempo que siempre me ha interesado y me ha llenado de emoción.
Hablé en su momento de *los años críticos*[1] y siempre admiré estas
generaciones heroicas. Navegan en un mar de contradicciones que
el tiempo está convirtiendo en un mensaje claro y rotundo, una vez
que los datos de coyuntura ya no tienen sentido ni significado. Traté
y conocí a algunos de ellos y puedo hoy decir desde la plataforma
de mi edad que los admiré a todos y aprendí de ellos mucho. Fueron
nuestros maestros sin que ellos lo supieran y, a veces, nos trataban
de igual a igual en un ejemplo de sabiduría.

¿Por qué buscaron? ¿Cómo encontraron los nuevos caminos? ¿Cuál
es la razón por la que cada uno sintió la curiosidad de cambiar y encontrar nuevas explicaciones a su entorno diario? ¿Por qué la arquitectura de su momento no les servía? ¿Era una inquietud artística,
social o tecnológica? ¿Cómo habríamos sido sin su esfuerzo de pioneros en un mundo todavía herido por la Guerra Civil?

Nos interesa conocer a los maestros y a los discípulos, cómo fueron
estas relaciones. Queremos entender los acontecimientos y pode-
mos incluso buscar explicaciones tranquilizadoras para lo insólito o
lo distinto.

Si pensamos en la época en la que nuestros arquitectos se forman entendemos que todos son hijos del aislamiento y de la desinformación.
Es importante pensar que ellos eran héroes pero también victimas de
un sistema pedagógico en donde solo cabía la disciplina y la repetición y con más dificultad el cambio o la experimentación personal.

En realidad las cosas no cambiaron ni incluso mucho después de
este periodo y siempre el peso de la estructura pedagógica en la enseñanza de la Arquitectura en el área mediterránea ha sido un gran

---

1   Cfr. SALVADOR PÉREZ ARROYO. Los años críticos. 10 arquitectos españoles. Fundación
Antonio Camuñas. Madrid, 2003. (N. de E.)

lastre para el cambio, solo roto hoy por la potencia de los medios de comunicación, la gran cantidad de información circulante y las comunicaciones personales.

No hay que olvidar que convertirse en arquitecto en aquellos tiempos era solo posible si se seguían duros caminos heredados del XIX francés, complicados exámenes de dibujo, estatua, lavado, acuarelas, etcétera, completados con una formación técnica mas profunda que la que se impartía en las escuelas de Beaux-Arts y con pocas posibilidades de romper el statu-quo de lo que en cada momento era lo ortodoxo. Al lado de esta formación en capillas o sectas se proporcionaba esa gran carga técnica en diferencia con la formación en Francia y sus escuelas ligadas o en el área anglosajona.

La posguerra española tampoco tiene nada que ver con la posguerra europea y particularmente la inglesa. Los vencedores son otros, pero en realidad no es esta la diferencia aunque externamente lo parezca la que lleva a caminos distintos. Es la propia actitud hacia la investigación y la aceptación de la técnica en la cultura cotidiana la que nos diferencia. La revolución científica inglesa tiene sus raíces en el siglo XVII y es toda una actitud de comportamiento en donde el libre albedrio y la tendencia empírica y democrática permiten universidades más aptas para el cambio.

Cuando los personajes del libro de Delgado Orusco que presento estudian y se forman, España vive en una autarquía económica y un aislamiento cultural notables. El miedo es enemigo de la educación y de la formación. La autarquía forzada o querida es resultado del miedo o de la dificultad para ver más lejos.

No es momento de invalidar aquellos momentos sino al contrario, por mucha distancia que hubiera frente a lo que se producía en aquel periodo en el mundo. Hoy cuando todo ha entrado en una profunda revisión, no pueden ser los problemas de estilo los que pueden minimizar el valor de nuestros personajes. Por otra parte la dilatada vida profesional de algunos de ellos les permite trabajar hasta el tiempo del cambio político y de la entrada de España en el nivel más alto de las naciones desarrolladas con una amplia repercusión en el mundo y la cultura. Los profesionales a los que se refiere Delgado Orusco y de los que habla son por ello muy distintos aunque compartan el mismo interés por evolucionar. Este esfuerzo le ha interesado mucho a Delgado Orusco y parece un argumento constante en su libro.

Algunos de ellos como Población u Ortiz-Echague tienen una vocación tecnológica que sin minimizar su capacidad expresiva les lleva por caminos de experimentación, incluso de riesgo, como lo hicieron otros pioneros. La solución tecnológica desde un optimismo innato les lleva a apretar el acelerador de la experimentación y de la creencia en la autoridad de la tecnología para decidir y justificar las elecciones. La carrera de Población es más larga que la de Ortiz-Echague y tiene tiempo de investigar más opciones y materiales. Sus edificios van adquiriendo con el tiempo una gran perfección técnica algo que Ortiz-Echague no puede alcanzar, en su tiempo las carpinterías, los materiales de sellado el vidrio eran solo el escalón inicial de una tecnología que necesitaría al menos cuarenta años para alcanzar un nivel que garantizara las cualidades mínimas y una durabilidad aceptable. Las obras de Ortiz-Echague vistas hoy nos parecen de un valor insólito y de una gran sencillez expresiva. No se si puedo hablar de esta arquitectura, la de Ortiz-Echague, en relación a su trayectoria personal posterior pero me parecería interesante estudiar las corrientes místicas que influyeron a una gran cantidad de arquitectos de esta época. La historia por otra parte esta llena de arquitectos inmersos en el misticismo de la obra arquitectónica y de las creencias religiosas. Son muchos los arquitectos maduros que se expresan con obras, pequeñas iglesias cargadas de misticismo. Gaudí, Lewerentz, Michelucci. En España se produce una interesante unión entre arquitectura religiosa y tecnología. Coello de Portugal construye sus edificios religiosos como podía construir Ortiz-Echague. El hierro y el cristal ayudan a entender el mensaje de la luz. La capilla del Camino de Santiago de Saénz de Oíza es un Mies, pero es también lo mismo en un momento en el que la esencialidad de lo religioso sirve para aligerar las conciencias del lenguaje barroco de la dictadura.

Tuve la ocasión de hablar muchas veces con Población. Tenía una personalidad abierta y extrovertida junto a un gran interés por su trabajo y sus proyectos. Enseñó un tiempo en la escuela de Arquitectura de Madrid, pero no eran momentos para profesores como él. Se valoraba mucho el contenido teórico algo que los arquitectos no tienen siempre por qué tener. Población era un hombre de acción no un teórico.

La historia de la enseñanza de la arquitectura está llena de casos similares. Viollet le Duc fue literalmente corrido por sus estudiantes de la escuela de la Rue Bonaparte hasta el rio Sena. Sus enseñanzas medievalistas no se adaptaban al eclecticismo de arquitectos como Garnier o al de los profesores hoy olvidados de la Escuela de Paris.

Asís Cabrero y Fernández Vallespín son arquitectos que no cruzan el umbral hacia una arquitectura moderna como la de la posguerra Europea. Aceptan de partida una posición humilde y responsable en donde el lenguaje clásico interpretado desde la arquitectura de Mussolini -es clara la referencia de Delgado Orusco a la obra perimetral del Mausoleo de Augusto- les sirve de inspiración. El EUR y la arquitectura de Pagano o del primer Ridolfi y su estética "Povera" son modelos a imitar. No se puede olvidar en Cabrero la influencia alemana -Bonatz- tan querida por los arquitectos italianos de entonces y de los seguidores después de la "Tendenza" de Rossi. Yo creo intuir que Cabrero encuentra Alemania desde Italia. Cabrero utiliza la técnica de bóvedas tabicadas como Luis Moya pero con un resultado completamente distinto y una actitud opuesta, el racionalismo monumental del edificio de Sindicatos le consagra como una de los grandes arquitectos españoles, y el mejor precursor de la Tendenza. Moya se detiene voluntariamente en el tiempo, se inspira en Guarini y Selva con una vocación de proselitismo que no abandona nunca y probablemente ahoga dentro de él una capacidad de hacer nueva arquitectura; basta ver los talleres que construye en la universidad Laboral de Gijón para entenderlo. Son un ejemplo de arquitectura expresionista de una insólita potencia. Así son las historias de aquellos autores: caminos erráticos, vidas cambiadas por las ideologías del momento que no alcanzaríamos hoy a comprender.

Inza y Fernández del Amo son artistas intemporales. Inza recibe influencia de la arquitectura italiana del norte de posguerra, la Torre Velasca y un cierto neo-medievalismo estético y hoy diríamos ambientalista están presentes en su producción. Inza es muy "milanés" incluso en su visión de la arquitectura histórica, un raro sonido a Camilo Boito esta presente en su fabrica de embutidos en Segovia. Fernández del Amo es un artista puro probablemente durante un tiempo también tocado por nuevas ideas religiosas. Vive en el mundo del arte entre pintores y escultores y pertenece a este tipo de arquitectos actuales en los que el edificio es un objeto artístico alejado de la proporción clásica. Las fotografías de sus poblados como Vegaviana dieron la vuelta al mundo, parecen pinturas de Vela Zanetti o de Carretero pero son mucho mas que eso, son grandes composiciones abstractas que pueden ponerse al lado de los pintores analíticos como Mondrian, Juan Gris o los Suprematistas . Trabaja con Mompó un pintor no lejos del surrealismo poético de Chagall y se trata con el grupo de El Paso aunque sus artistas invitados no entran en la violencia expresiva de Millares o Saura. Fernández del Amo mantiene aún un orden constructivo, múltiple y abstracto pero al fin y al cabo orden, los espacios son policéntricos como los nuevos ritos religiosos a los que se refiere Delgado Orusco. Lo más interesante de la obra de Fernández del Amo es sin duda la disponibilidad para transformar cualquier ocasión en una experiencia positiva. Sus trabajos para el INC son un gran ejemplo y probablemente su influencia en aquel Instituto consigue que muchos arquitectos jóvenes trabajen con una gran calidad media. Arquitectos como Jesús Alberto Cajigal o Miguel Herrero con quien trabaje todavía alumno, son una muestra de la altura de aquella experiencia. Manejaban con gran habilidad técnicas constructivas muy sencillas en una época en la que el acero era escaso y consiguieron unas viviendas elementales de inspiración populista de gran belleza. La utopía de corte reaccionario es hoy en distinta clave una arcadia de libertad y sencillez. Las fotos de las lavanderas que eran una cortina de humo en un país sin libertad política son hoy una referencia poética de un mundo de pequeña escala.

Fernández Del Amo integró en la Escuela de Arquitectura a muchos jóvenes profesores de ideas muy avanzadas y yo fui un alumno becario entre ellos.

Cano Lasso es un hombre del Renacimiento con una vocación de trascendencia y una capacidad para integrar muy distintas fuentes: Italia, Alemania y su amor por los clásicos interpretados directamente en clave mimética de alumno humilde. Es muy bello el pequeño libro con una ficticia visita acompañando creo a Vitrubio por Madrid.[2] Su vocación humanista y más su búsqueda permanente de los valores de una dignidad humana acorde con sus profundas creencias religiosas convierte su obra en un depósito enorme de grandes cualidades al margen de tiempo o ideología. La trayectoria de Cano Lasso es de una gran solidez dirigida con temple de piloto experimentado y mano firme. La lucha que establece contra una tecnología deshumanizadora está llena de bellas contradicciones. Su obra es muy completa y tiene ejemplos de todo tipo y de gran calidad. En la restauración del Cuartel del Conde Duque, que yo seguí muy de cerca con él, me mostró una vuelta hacia el pasado asumida como una actitud contemporánea, buscando la reinterpretación de lo espacios históricos con libertad y sin miedo a las críticas que podían llegar de los puristas en restauración. Era un Viollet del barroco español. Buscaba con maestría los invariantes espaciales al margen de determinados problemas de lenguaje.

En realidad todos los autores aquí descritos en el libro de Delgado Orusco no podían olvidar su formación académica y, si durante un momento su saber pudo ser considerado reaccionario, pronto y cuando muchas actitudes infantiles habían sido superadas volvían a utilizar sus conocimientos y consiguieron crear obras de gran oficio y valor. Recuerdo la transformación que el mismo Fisac hizo de su primera obra, la capilla frente al edificio del CSIC en la calle de Joaquín Costa. Este edificio es un claro ejemplo de la transparencia y permeabilidad, de las capas múltiples de la formación de estos arquitectos, el racionalismo de Arniches se transparenta en una obra casi de escuela, un ejercicio de estilo en donde se ve la mano potente del que será uno de los más grandes arquitectos españoles de esta época.

---

2   Cfr. JULIO CANO LASSO. Conversaciones con un arquitecto del pasado o diálogo de la técnica y el espíritu. Cuento. Edición del autor. Madrid, 1989. (N. de E.)

La importancia y la belleza de este libro está en la clave de interpretación de Eduardo Delgado Orusco. El tiempo permite buscar y encontrar en estos arquitectos cualidades que son eternas aunque se presenten con distintos vestidos y maquillajes. Por esta razón su lectura es cómoda y positiva. No se detectan contradicciones porque la historia permite integrarlas en otro nivel más respetuoso. A todos les unía una gran vocación y una búsqueda de los valores humanos y de progreso. Ya no existen armas arrojadizas, la crítica de arquitectura se serena y sabe extraer aquello que permanece contemplando en silencio y sin palabras lo que eran solo errores de coyuntura, fantasmas, sombras imaginadas en la soledad de la habitación. Nos toca a nosotros comprender y apartar del camino lo que obscurece, lo que impide ver el fondo del estanque, rebuscar en el depósito secreto de tantas horas de trabajo de tantos proyectos perdidos o abandonados. Por eso te agradezco a ti Eduardo que me hayas invitado a tu fiesta; me gusta unirme al equipo de los que ordenan y trabajan en el archivo de la memoria y leen en el silencio fresco de la gran biblioteca libros ya leídos, anotados por manos anónimas que pasaron antes, quizás en horas de angustia o de incomprensión. Ahora todo es más fácil y por eso entendemos la altura de nuestros padres.

Hanoi 30 de abril 2014

Salvador Pérez Arroyo es Honorary Professorship de la Barlett School (UCL) y ha sido Profesor y Catedrático de Construcción de la Escuela de Arquitectura de Madrid. Habitual Professor de Proyectos en el Instituto Universitario di Architettura di Venezia, en la Kongelige Danske Kunst Akademi de Copenhague, la Facultad de Arquitectura de Cracovia y de la Universidad de Cagliari entre otras. External examiner de la Westminster University Londres.
Es editor de arquitectura de la revista de moda Tiger. Tiene estudio profesional en Madrid, Roma, Qatar y Hanoi.

PRESENTACIÓN

Este libro es una recopilación de textos heterogéneos, escritos independientemente en diferentes ocasiones y formatos: congresos, libros o revistas especializadas. Los textos se convierten en realidad en *coartadas* para plantear diversas y desiguales aproximaciones a profesionales que –entre otros– han despertado mi interés, casi siempre por su actitud.

No obstante, su reunión funciona igualmente como una urdimbre secreta, pues los arquitectos tratados –cuya obra se desarrolla mayoritariamente en la España de la segunda mitad del siglo **XX**– mantienen una serie de nexos que trazan una historia paralela y no canónica del tránsito de la oscura posguerra de los cuarenta a la modernización de nuestra arquitectura.

En casi todos ellos destaca una preocupación por la conquista de nuevos paradigmas, ya sean constructivos, culturales o poéticos. Es una línea –sutil y discontinua– que a menudo une la utopía con el pragmatismo.

Autores prolíficos en algunos casos, aunque no demasiado publicados; profesores universitarios en su mayoría, aunque sin la escuela de otros contemporáneos. Con diferente fortuna crítica en su momento, el interés sobre la obra de estos arquitectos se acrecienta con el tiempo.

RICARDO FERNÁNDEZ VALLESPÍN

1910-1988

La importancia específica de Fernández Vallespín reside por igual en su intuición para apuntar los derroteros —en aquel momento todavía imposibles— de la nueva arquitectura española de los cuarenta, como en ser el introductor profesional de Miguel Fisac. En efecto Fernández Vallespín apadrinó al arquitecto manchego en sus inicios profesionales, incluso antes de que éste acabase sus estudios en la Escuela de Madrid, y supo transmitirle algunas pistas sobre la salida a la crisis histórico-casticista que significó para la arquitectura española la década de los cuarenta para, finalmente, traspasarle encargos y clientes. Entre los mayores méritos de Fernández Vallespín podrían apuntarse la asimilación de una extraña modernidad italo-brasileña al filo de los cincuenta y su viaje a los países escandinavos, preludio del que realizaría Miguel Fisac en 1949 y que resultó clave para la deriva organicista de la arquitectura española de los cincuenta.

El análisis de su obra para el Instituto Juan de la Cierva manifiesta la consistencia del trabajo de Fernández Vallespín, contemporáneo y al mismo nivel de otras obras que por entonces pretendían análogos objetivos en Madrid, como el edificio de Sindicatos de Cabrero y Aburto o el Estado Mayor del Aire de Gutiérrez Soto.

Texto en colaboración con Carlos de San Antonio Gómez.
Publicado anteriormente en AAVV. LOS BRILLANTES CINCUENTA. 35 PROYECTOS. T6 ediciones.
Pamplona, marzo de 2004, pp. 132-143.

La arquitectura de Ricardo Fernández Vallespín para el CSIC: la imposible modernidad de la posguerra española (2003)

El Consejo Superior de Investigaciones Científicas (CSIC) fue la réplica del Gobierno del General Franco a la Junta para Ampliación de Estudios inspirada en la ideología laicista de la Institución Libre de Enseñanza.[1]Disuelta por el nuevo régimen en diciembre de 1937 sus funciones fueron asumidas por aquel organismo impulsado por José Ibáñez Martín, Ministro de Educación Nacional, y por José María Albareda que fue nombrado Secretario General. Su objetivo era «fomentar, orientar y coordinar la investigación científica nacional».[2]Con ese fin se incorporaron al CSIC personalidades de prestigio como Menéndez Pidal, Miguel Asín, Eugenio D'Ors, Gómez Moreno, Rey Pastor, Casares, Julio Palacios, Torroja, Artigas, Entrambasaguas, etcétera.

En la década de posguerra se desarrolló una frenética política de construcciones para albergar la Sede Central del CSIC y algunos de los distintos Patronatos e Institutos de nueva creación en la Colina de los Chopos y en sus inmediaciones; precisamente en el mismo lugar en que estaban ubicados los edificios de la Institución Libre de Enseñanza y de la Junta para Ampliación de Estudios: la Residencia de Estudiantes, el Instituto Escuela -formado por el edificio de bachillerato y el pabellón de párvulos- el auditorio de la Residencia de Estudiantes, y el edificio Rockefeller. A excepción de Antonio Flórez, arquitecto ya consagrado que construyó los pabellones de la Residencia de Estudiantes, la Institución Libre de Enseñanza y la Junta para Ampliación de Estudios confiaron su actuación edilicia a jóvenes arquitectos como Luis Lacasa, Manuel Sánchez Arcas, Martín Domínguez y Carlos Arniches, todos ellos ligados como Flórez, a sus

---

[1]   Sobre la Institución Libre de Enseñanza ver VICENTE CACHO VIU. La Institución Libre de Enseñanza. Rialp, Madrid, 1962.

[2]   Disposiciones que fija la Ley de 24 de noviembre de 1939 con la que se creó el CSIC.

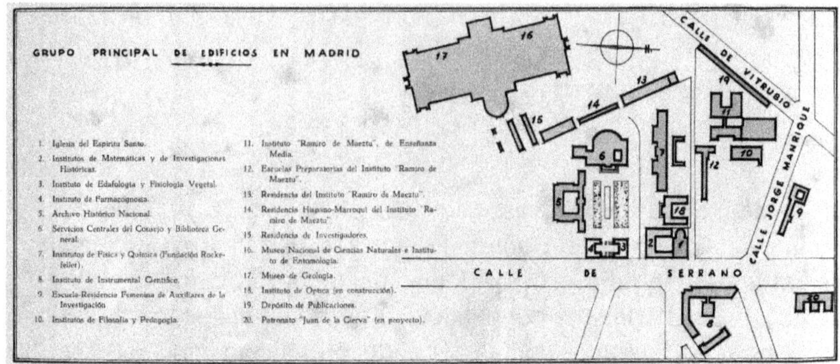

Institutos y Centros de investigación del CSIC en la Colina de los Chopos. Madrid. Plano de situación

principios ideológicos.[3] El CSIC, siguiendo la misma tónica, encargó sus edificios a Ricardo Fernández Vallespín que apenas superaba la treintena y a Miguel Fisac, entonces recién titulado. Es más, Fisac aún no había terminado la carrera cuando Albareda le encargó los primeros bocetos para la Iglesia del Espíritu Santo, que sería en efecto su primera obra.[4] También en este caso, los dos arquitectos eran afines al sentir y a los principios inspiradores que Albareda e Ibáñez Martín estaban imprimiendo en el CSIC.

En efecto lo más destacado de la escasísima obra de Fernández Vallespín son los proyectos desarrollados para el CSIC, todos ellos situados en el perímetro exterior de la célebre Colina de los Chopos, nombre que dio Juan Ramón Jiménez a los llamados Altos del Hipódromo y que también alberga lo más destacado de la obra de Miguel Fisac para esa Institución. En esas obras casi anónimas,

---

[3]   Sobre la influencia de la Institución Libre de Enseñanza en la arquitectura, véanse CARLOS DE SAN ANTONIO GÓMEZ. 20 años de Arquitectura en Madrid. La Edad de Plata: 1918-1936. Comunidad de Madrid, Madrid, 1996, pp. 89-96; y El Madrid del 98. Arquitectura para una crisis: 1874-1918. Comunidad de Madrid, Madrid, 1998, pp. 103-113. Sobre la arquitectura en la Residencia de Estudiantes, véanse los artículos que recoge la revista *Residencia*, Madrid, junio 1999, n. 8, pp. 11-19.

[4]   Para una aproximación a la Iglesia del Espíritu Santo, puede verse EDUARDO DELGADO ORUSCO. Entre el suelo y el cielo. Arte y Arquitectura sacra en España 1939-1975. Fundación SEK. Madrid, 2006. pp. 95-98.

Nuevo edificio donde se albergan varios Institutos del Consejo con la Iglesia del Espíritu Santo al fondo.

Edificio Duque de Medinaceli

confundidas,[5] olvidadas en el mejor de los casos, se reconocen las inquietudes y el oficio de Fernández Vallespín, de breve aunque, a tenor de esas mismas actuaciones, destacadas cualidades.

En la práctica, y como veremos con detalle al tratar del Patronato Juan de la Cierva, la proximidad con la obra de Arniches, Domínguez, Lacasa y Sánchez Arcas, influyó notablemente en los criterios arquitectónicos de Fernández Vallespín. Las analogías tipológicas de la obra del arquitecto gallego con determinados ejemplos de la Ciudad Universitaria, en la que habían intervenido aquellos arquitectos no hacen sino confirmar este hecho.[6] En cualquier caso, el jovencísimo Fernández Vallespín resulta deudor además de los anteriores, de otras arquitecturas, eso sí, siempre de la década de los treinta: citemos sin ánimo de ser exhaustivos el Secundino Zuazo de la Casa de las Flores y algunos otros proyectos de los jóvenes Bergamín y Blanco Soler.

---

[5] El desconocimiento de la obra de este arquitecto llega hasta tal punto que en la página web del CSIC, se atribuye sus obras a su hermano Arístides, a pesar de que en los edificios figura el nombre de Ricardo en la fachada. También en el tomo II de la Guía de Arquitectura de Madrid del COAM, en sus tres primeras ediciones, se agrupan el Instituto Torres Quevedo y el Patronato Juan de la Cierva como si fuera un único edificio en la p.103.

[6] Sirva este punto para subrayar el papel protagonista de López Otero en el proyecto de la Ciudad Universitaria en la medida en que, frente a una multiplicidad de aproximaciones formales, se mantuvo en cambio un único y firme criterio tipológico que habría que consignar inequívocamente en la cuenta del mencionado López Otero.

En efecto todos los proyectos que Fernández Vallespín hizo para el
CSIC, están fechados en la década de 1940 a 1950.[7] El primero fue
la ampliación y reforma del Edificio Duque de Medinaceli, antiguo
Palacio del Hielo, que el gobierno había adquirido en 1928 para
instalar el Centro de Estudios Históricos.[8] En este proyecto es la
primera ocasión en la que el todavía estudiante Miguel Fisac trabaja
para nuestro arquitecto.[9] A esta primera reforma le siguieron otras:
en 1942, la de la entrada y el salón de sesiones; en 1945, para la ubicación del Instituto de Estudios Jurídicos; y, en 1946, con reparacio-
nes diversas.

En 1941 recibe el encargo para adaptar y restaurar el Museo Nacional
de Etnología que el Marqués de Cubas construyera en 1873. El edificio
había sufrido daños de cierta consideración con los bombardeos de
la guerra civil que afectaron especialmente a la fachada principal.
Fernández Vallespín planteó una intervención traumática que alteró
a la concepción espacial del edificio y a la profusa ornamentación de
la fachada que suprimió casi por completo por encontrarse en efecto
muy deteriorada.[10]

También de 1941 es el proyecto definitivo para el Instituto Leonardo
Torres Quevedo de Instrumental Científico, en la calle de Serrano, del
que ya había hecho un anteproyecto en 1940. Posteriormente, en 1944,
construyó el pabellón de comedor y biblioteca de obreros en los terrenos anejos. Es el primer gran edificio que proyecta y el primero con el
que el CSIC pretende seguir la estela del Rockefeller. El edificio, que
ocupa uno de los ángulos de la manzana, se compone de dos cuerpos,
articulados por un torreón de esquina que se rasga en vertical para
dar luz a la escalera que aloja, según una solución muy al uso en la

---

[7]   Para la relación de estos proyectos, confróntese las *Memorias del Consejo Superior de Investigaciones Científicas*, desde 1940 a 1950.

[8]   Ya Pedro Muguruza había hecho una primera adaptación entre 1929 y 1933. En todo caso no debe
confundirse esta actuación ni la del propio Fernández Vallespín con la librería que Miguel Fisac
acometió casi diez años después en el mismo inmueble.

[9]   AAVV. Miguel Fisac. Medalla de oro de la Arquitectura, 1994. Catálogo de la Exposición del
mismo título, Ministerio de Fomento, Consejo Superior de los Colegios de Arquitectos de España,
Madrid, 1997, p. 30.

[10]   Cfr. Archivo del Servicio Histórico del COAM, documento, 880.

década de los treinta para los edificios de vivienda.[11] En el de la calle
de Serrano se ubica la zona de investigación y servicios, y en el de la
calle Pablo Aranda se disponen los talleres.

En 1942 llega a su oficina el proyecto para el Edificio Central del
Consejo Superior de Investigaciones Científicas. Es esta la única
obra que firma con su joven colaborador Miguel Fisac. En el mejor
de los casos el papel que la crítica atribuye a Fernández Vallespín
en esta obra es el de mero colaborador de Fisac,[12] llegando incluso a ignorar su participación como hace la revista *Arquitectura*, en
el número 241 de marzo-abril de 1983, dedicado a la Colina de los
Chopos.[13] Este conjunto, por lo demás, es ajeno a los planteamientos
anteriores y posteriores de nuestro arquitecto pudiendo apuntarse
como una mera exploración lingüística. Es un ejemplo poco afortuna-
do de la llamada –con notables dosis de simplificación– arquitectura
franquista, en la misma línea de su vecino Archivo Histórico Nacional
de Manuel Martínez Chumillas. No obstante, ninguno de los dos es
comparable al contemporáneo Ministerio del Aire donde Gutiérrez
Soto muestra todo su saber y su capacidad de adaptación a las nuevas circunstancias.

En 1943, emprende las obras de reforma para el Instituto de Entomología
en el Museo Nacional de Ciencias Naturales. Posteriormente, en 1946,
proyecta el Pabellón de Insectario de este Instituto. También en ese
mismo año, reformó la Sala de Mamíferos del Museo.

Para formar al personal auxiliar femenino de las bibliotecas y laboratorios del CSIC, en 1945 se le encargó a Fernández Vallespín
un anteproyecto para la futura Escuela Residencia de Auxiliares de
Investigación. El proyecto definitivo lo tuvo listo en febrero de 1946.
En 1948, intervino de nuevo en el edificio con la reforma de los laboratorios de química y biología.

---

11   Por ejemplo en las muy conocidas colonias Britz y Zehlendorf de Bruno Taut.

12   Cfr. AAVV. Guía de Arquitectura de Madrid, Tomo II. COAM, p.103, y ÁNGEL URRUTIA. Arquitectura Española. Siglo XX. Manuales de Arte Cátedra, Madrid, 1997.

13   ARQUITECTURA, n. 241. Marzo-abril de 1983. No se le cita en ninguno de los artículos en los
que se habla de este edificio en las pp. 17, 20, 21 y 29.

Instituto "Leonardo Torres Quevedo".

Escuela Residencia de Auxiliares de la Investigación.

Antes de proyectar el edificio para el Patronato Juan de la Cierva, su mejor y última obra y de la que nos ocuparemos seguidamente, entre 1947 y 1948, hizo la ampliación del edificio de Entomología en el Ventorrillo, en la Sierra de Guadarrama de Madrid, el mismo lugar donde Fisac edificara una ermita en 1949.

En los meses de marzo y abril de 1947 Fernández Vallespín viajó a Suiza, Holanda, los países escandinavos e Inglaterra. Visitó las ciudades de Basilea, Berna, Ginebra, Zurich, Ámsterdam, Róterdam,

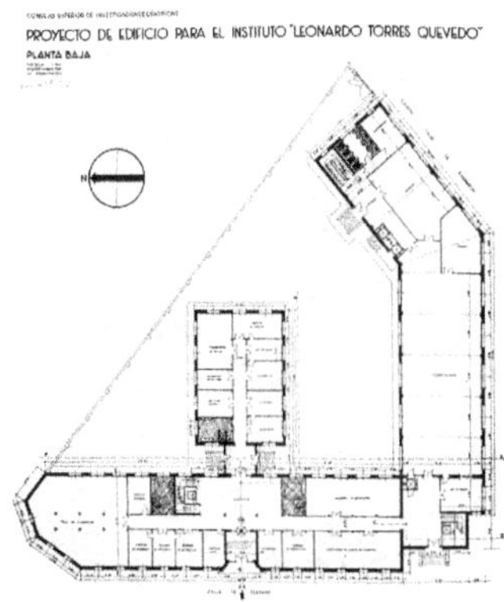

Instituto "L.T. Quevedo". Planta baja.   Colección de diapositivas del arquitecto.

Haarlem, Copenhague, Gotemburgo, Estocolmo y Londres.[14] Este periplo europeo tiene una gran importancia para la historiografía de la arquitectura española ya que, con la excepción de Pedro Muguruza que fue a Suecia en visita oficial como Director General de Arquitectura a la Exposición Iberoamericana de Arquitectura,[15] es el primer viaje posterior a la guerra civil de un arquitecto español del que se tenga constancia por esos países.

Este viaje recupera la tradición de los arquitectos de la Generación del 25 que viajaron por Europa o los Estados Unidos para ampliar estudios, conocer la arquitectura moderna o visitar centros de investigación y universidades.[16] Del viaje se conserva una colección de dia-

---

14   Testimonio del Catedrático de Fisiología Francisco Ponz, amigo suyo en aquellos años, (ARFV). En su archivo familiar hay correspondencia de ese viaje desde Berna y Ginebra el 28 de marzo; Rótterdam, 31 de marzo; Copenhague, 3 de abril; Estocolmo, 5 de abril; Goteborg 10 de abril; y Londres, 15 de abril.

15   Cfr. BOLETÍN DE LA DIRECCIÓN GENERAL DE ARQUITECTURA, volumen I, núm. 1, diciembre de 1946, p.21. Los dibujos que Muguruza hizo en este viaje se publicaron en la REVISTA NACIONAL DE ARQUITECTURA. Abril-mayo de 1946, p. 76-100.

16   Son conocidos los de Anasagasti, Mercadal, Blanco Soler, Bergamín, Miguel de los Santos, Gutiérrez Soto, Lacasa, Sánchez Arcas. Para el proyecto del Edificio Rockefeller, Lacasa y Sánchez Arcas, acompañados de los investigadores Moles y Catalán, recorrieron Francia, Suiza, Alemania, Dinamarca e Inglaterra. Para la Ciudad Universitaria, en diciembre de 1928, viajaron durante tres meses por universidades norteamericanas los arquitectos López Otero, Sánchez Arcas, de los Santos, Bergamín; los doctores Aguilar, Gómez Ulla, Cantos y Bustamante; y el Conde de Santa Cruz de los Manueles.

Boletín de Información
de la Dirección General
de Arquitectura. Madrid.
Enero 1950. Volumen IV,
número 13, pg 25.
Noticia sobre la primera
misa celebrada por
el arquitecto Ricardo
Fernández Vallespín.

LA PRIMERA MISA DE UN ARQUITECTO

En la iglesia del Espíritu Santo celebró su primera misa el arquitecto don Ricardo Fernández Vallespín del Opus Dei, siendo apadrinado por el Ministro de Educación Nacional y su esposa, la condesa de Marín, y asistido por monseñor Galindo y por el P. Ignacio Zulueta, arquitecto. El nuevo sacerdote terminó la carrera de arquitecto a los veintitrés años, en Madrid. Ha sido profesor auxiliar en la Escuela de Arquitectura y es también licenciado en Filosofía y Letras.

Arquitecto del Ayuntamiento de Madrid, después del Banco Hipotecario y luego del Patronato Artístico Nacional. Entre otros muchos trabajos que ha realizado, pueden mencionarse el edificio central del Consejo de Investigaciones Científicas, en colaboración, y los del Instituto Torres Quevedo y de la Escuela-Residencia para Auxiliares de Investigación.

positivas de esas ciudades. En el marco de cartón está escrito a lápiz con su letra el nombre y la ciudad del edificio fotografiado. Entre los edificios fotografiados está el Ayuntamiento de Goteborg que tanto influyó posteriormente en Fisac. De hecho, las imágenes tomadas por Vallespín pudieron ser un revulsivo para que el arquitecto manchego viajara a esos países y a las mismas ciudades en 1949, dos años más tarde que su compañero de estudio. Este viaje marca un antes y un después en la obra de Fernández Vallespín, ya que en el Patronato Juan de la Cierva, proyectado más tarde, rompe con su lenguaje formal anterior e inicia un acercamiento a los postulados de la arquitectura de ese momento.

En efecto, al filo de la década de los cincuenta, decidida y ya próxima su ordenación sacerdotal, para la que llevaba algunos meses preparándose, Fernández Vallespín acometió el proyecto para el Edificio del Patronato Juan de la Cierva, dependiente del Consejo Superior de Investigaciones Científicas,[17] en un solar apenas a un centenar de

---

[17] El Patronato Juan de la Cierva se dedicaba a investigaciones específicas de carácter técnico e industrial. En la década de los setenta el Consejo abandonó el uso de este edificio, manteniendo el Ministerio de Educación su propiedad. En la actualidad es sede de la Secretaría de Estado de Educación.

Edificio del Patronato Juan de la Cierva. Madrid. 1943-1953. Imágenes del exterior.

metros de la Colina de los Chopos. El edificio, enclavado en la calle
Serrano de Madrid, muy próximo a la plaza de la República Argentina,
se encuentra rodeado de algunas de las urbanizaciones que caracterizaron el Madrid de los treinta: el Viso o la Colonia-Residencia; en cualquier caso edificios de baja altura que dejan al descubierto el nuevo
edificio —de 4 plantas— frente al fuerte sol del poniente madrileño.
Como veremos este aspecto resultó a la postre fundamental en el expediente compositivo elegido por Fernández Vallespin.

Así las cosas el arquitecto bien sabía que se trataba más que probablemente de su última obra de arquitectura[18] y cabe presumir —a
tenor del resultado— que intentó su capolavoro, su obra maestra. En
efecto, esta rotunda pieza manifiesta con lucidez —además de las
últimas inquietudes profesionales de Fernández Vallespín— los nuevos derroteros de la arquitectura española de finales de los cuarenta.
Esto es la superación de la regresión historicista que caracterizó la
posguerra española y la recuperación de la modernidad, eso sí, en
su versión actualizada de los primeros cincuenta. Es el momento, en
palabras de José Luis Fernandez del Amo cuando, «*se produce por*

---

18   De hecho, la dirección de obra la llevó exclusivamente Miguel Fisac quien nos manifestó en entrevista personal su ánimo de ser lo más fiel posible al proyecto de Fernández Vallespín, en correspondencia al respeto que el arquitecto gallego había tenido siempre hacia las soluciones aportadas
por su socio manchego. En efecto, Miguel Fisac únicamente alteró y minimamente la solución del
salón de actos, abocinando ligeramente su planta. Cfr. Entrevista inédita a Miguel Fisac. Eduardo
Delgado Orusco, julio de 2001.

*toda España, como un eclosión germinal de inquietudes por la renova-
ción de las Artes; (...) Primeras tentativas de arte abstracto y de la nueva
figuración».*[19]

Este ejercicio sorprendentemente olvidado, pertenece por derecho a
la colección de obras y proyectos que pretendían la homologación de
la arquitectura española con la que se elaboraba fuera de nuestras
fronteras; si bien esa verificación debe entenderse tal vez más en términos de lenguaje, de repertorio formal que de reflexión tipológica.

De hecho, en las plantas del proyecto, en su aproximada simetría —
únicamente rota por el expediente epitelial de los *brise-soleil*— cabe
una lectura en la línea de otros ejercicios bien conocidos en nuestro
país, incluso antes de la guerra. Una referencia inequívoca y segura-
mente conocida por Fernández Vallespín,[20] podría ser el edificio para
la Confederación Hidrográfica del Ebro, en esos años recién terminado en la capital aragonesa por los hermanos Borobio. De hecho,
la semejanza es algo más que puramente formal: por derecho son
aplicables al proyecto de Fernández Vallespín las palabras que Urrutia
utiliza para el ejercicio de los hermanos Borobio: *«Tradición y modernidad son reunidas en esta obra de pulcra concepción compositiva y
avanzado criterio funcionalista».*[21]

Pero si se buscan referencias geográficamente más próximas, basta-
ría con dirigir nuestra mirada a la Ciudad Universitaria de Madrid. En
efecto, un rápido vistazo a las plantas de las Facultad de Filosofía y
Letras, o a la de Farmacia, ambas de Agustín Aguirre; o a la Facultad
de Odontología, o a cada una de las cuatro piezas que conforman el
colosal ejercicio de la Facultad de Medicina, de Miguel de los Santos,
revelan hasta que punto Fernández Vallespín resulta deudor de todos

---

[19]   Cfr. JOSÉ LUIS FERNÁNDEZ DEL AMO. Encuentro con la Creación. Discurso del Académico
electo Excmo. Sr. D. José Luis Fernández del Amo, leído en el Acto de Recepción Pública el día 10
de noviembre de 1991. Madrid, 1991. p. 61.

[20]   Entre los pocos arquitectos que por esos años habían trabajado para el CSIC estaba Regino
Borobio, cuyo proyecto para la instalación del Instituto Alonso Barba en Zaragoza había sido apro-
bada en noviembre de 1943.

[21]   Cfr. ÁNGEL URRUTIA. *Arquitectura española Siglo XX*. Ediciones Cátedra 1997, Madrid, p. 287.

Edificio del Patronato Juan de la Cierva. Madrid. 1943-1953. Pórtico y fachada con *brise-soleils*.

esos esquemas. Y aún mayor se adivina la deuda con la Facultad de Ciencias Físicas, Químicas y Exactas, en la que los cuerpos laterales ceden protagonismo en favor de la pieza central del propio edificio.

Ciertamente, el proyecto para el Patronato del Consejo significa respecto a aquellos, un paso al frente en la voluntad de abstracción, muy en la línea de otros ejercicios contemporáneos de entre los cuales el más significativo podría ser el de Sindicatos de Cabrero y Aburto. Esta mención no es casual, en la medida en que el Patronato Juan de la Cierva comparte algunas influencias italianas con el Edificio del Paseo del Prado como la de los pórticos de la plaza de Augusto Emperador de B. Vallio.

Formalmente, el edificio del Patronato es una caja, aparentemente paralelepipédica, apoyada sobre un elegante pórtico de columnas de granito —aligeradas de cualquier basa o capitel— que recorre toda la planta baja de la fachada principal a la calle Serrano. La ausencia, a pesar del marcado esquema simétrico interior del edificio, de una portada monumental de carácter simbólico al uso, o la presencia de los ya mencionados brise-soleils, en sus fachadas principal y lateral —ambas orientadas a poniente— confinados en una suerte de malla rectangular superpuesta acentúan ese punto de abstracción moderna del que venimos hablando.

Edificio del Patronato Juan de la Cierva. Madrid. 1943-1953. Voladizos en la cubierta.

Dado el relativo aislamiento de nuestro país en aquellos años respecto a la arquitectura internacional, Fernández Vallespín tal vez tomase este añadido de los tableros de Gutiérrez Soto, con el que mantuvo una cierta relación a cuenta de la intervención de éste en la ampliación del Banco Hipotecario.[22] En efecto, como es sabido, el arquitecto madrileño había viajado a Brasil con motivo del Congreso Panamericano de Arquitectura (Lima, 1948), y en diversas ocasiones dejó constancia del impacto recibido por *«aquella impresionante arquitectura brasileña y norteamericana»*. De hecho, y como señala Miguel Ángel Baldellou, *«algunos autores han atribuido a este viaje y al conocimiento de la obra americana influida por Le Corbusier el viraje estilístico representado en el Alto Estado Mayor en la prolongación de la Castellana madrileña»*.[23] Y si hay algo que caracteriza a esa obra son precisamente sus parasoles de hormigón, orientados al tórrido poniente madrileño. En el edificio del Patronato, Fernández Vallespín ofreció una versión de estos brise-soleils mucho más primitiva, menos afinada, casi un acento estilístico más que una solución técnica.

---

[22]   Fernández Vallespín fue arquitecto del Banco Hipotecario, cuya sede central se encontraba en el palacio que Narciso Pascual y Colomer proyectase para el Marqués de Salamanca en el Paseo de la Castellana, a mediados del XIX. Finalmente fue Luis Gutiérrez Soto, arquitecto ya experimentado en esas lides y siempre mejor relacionado, quien acometiese el proyecto de ampliación consistente en sendas alas —norte y sur— ya próximo el vencimiento de los cuarenta y a comienzos de los cincuenta respectivamente.

[23]   Cfr. MIGUEL ÁNGEL BALDELLOU. Gutiérrez Soto. Fundación Cultural COAM y Ministerio de Fomento. Electa Ediciones. Madrid, 1997. p. 41.

De hecho, el Juan de la Cierva carece de las lamas móviles verticales que caracterizan la imagen del Alto Estado Mayor. Es un recurso que volvería a verse en la calle Serrano, cuando el Departamento de Estado Norteamericano erigiese su Embajada apenas unos meses más tarde. Sin embargo, el edificio de Gutiérrez Soto, carece del pórtico columnado del Juan de la Cierva, una suerte de pilotis que proponen una imagen más de moda.

Otro elemento de carácter modernizante, también relacionado con el acondicionamiento del edificio, se encuentra en la cubierta. Se trata de unos voladizos con forma aerodinámica, que asoman tímidamente por encima del volumen prismático del edificio y que sirven para proteger del sol la cubierta propiamente dicha, disminuyendo de esta manera el impacto del soleamiento sobre el edificio. Esos mismos voladizos sobre la cubierta se habían proyectado —según la memoria del proyecto— previendo *«la posible utilidad de instalar en ella un casino-bar-restaurante para las personas que trabajen en el edificio»*.[24] Ciertamente esta intención vuelve a poner de manifiesto una cierta comunión con los principios corbusieranos, en este caso el aprovechamiento de la cubierta. Igualmente, el conjunto disfruta del concepto planta libre como se explica en la memoria: *«para facilitar las posibles modificaciones en la distribución que pueda convenir más adelante, se proyectó el edificio con dos crujías laterales y una central, de circulación, separadas por líneas de soportes y cerramiento de tabiquería»*.

En este punto, y volviendo al expediente de la cubierta, no deben pasar inadvertidos los pilares que sustentan los voladizos, precursores de aquellos otros del Instituto de Formación del Profesorado de la Ciudad Universitaria de Madrid que habrían de dar fama a su autor, el socio manchego de Fernández Vallespín. No obstante, no era esta la única intención de esas viseras, pues como se señalaba en la memoria, su presencia presentaba «la ventaja de dar a la silueta del edifico un aspecto de modernidad, que está en consonancia con el carácter eminentemente técnico del Patronato que aloja».[25]

---

[24]   Cfr. REVISTA NACIONAL DE ARQUITECTURA, n. 142. Octubre 1953. "Edificio para el Patronato Juan de la Cierva. Arquitecto: Ricardo F. Vallespín". p. 10.

[25]   Ibídem, p. 10.

Los dos puntos precedentes hablan de la preocupación del autor por el acondicionamiento del edificio, observación que se acentúa por la extensión dedicada en el artículo publicado en la RNA,[26] que resumía la memoria del proyecto, al novedoso sistema de acondicionamiento del aire, tanto para verano como para invierno. Allí Fernández Vallespín apuntaba:

«En la ejecución de este proyecto se ha tenido en cuenta, principalmente, el carácter que debe tener el edificio destinado al Patronato Juan de la Cierva, en consonancia con las actividades que desarrolla. Fruto de esta idea primera es la serenidad de su composición, que nos ha llevado a proyectar un edificio marcadamente funcional y, al mismo tiempo, con el aspecto representativo que debe tener el centro de la más avanzada investigación aplicada a la industria. Por estas mismas razones, en su ejecución se han empleado los materiales más modernos y las instalaciones más perfectas, y, en general, ha presidido la idea de que ha de ser un modelo práctico de la capacidad industrial de (lo que) España puede hoy hacer en materia de construcción de edificios».

Estas preocupaciones enlazan con otros modelos como el Edificio Rockefeller de Luis Lacasa y Manuel Sánchez Arcas. No obstante, y a fuer de ser sinceros el edificio del Patronato no presenta la misma brillantez de su composición general o de su fachada principal en todos sus puntos y, de hecho, también apunta algunas deficiencias como el relativo desorden lingüístico de la fachada posterior, donde se percibe una amalgama inconexa de elementos funcionales e incluso de materiales.

Sin embargo, haciendo una evaluación de conjunto, debe señalarse la brillantez del ejercicio de Fernández Vallespín, tanto más interesante cuánto relativamente desconocido en el panorama crítico nacional. Se trataría del testamento profesional de un arquitecto formado en la Escuela de aquellos prometedores años treinta; los años de los Sánchez Arcas, Luis Lacasa, etc..., arquitectos todos ellos que cargaron sobre sí la titánica labor de introducir la modernidad en nuestro

---

[26]   Ibídem, pp. 10-14.

país. Esfuerzo que resultó cercenado, como tantas otras ilusiones, por la guerra civil y que no volvió a plantearse hasta casi quince años después. A la contribución, a veces abierta y combativa de unos, y callada y casi anónima de otros, como en el caso de Fernández Vallespín, se debe la profunda renovación de la arquitectura española que tuvo lugar durante la década de los cincuenta. Hoy, cuando se cumplen apenas quince años de su desaparición física, debemos intentar situar su nombre en el lugar que le corresponde en la historia de la arquitectura española del siglo XX.

Ricardo Fernández Vallespín ha sido hasta el momento un arquitecto bastante desconocido para los historiadores de la arquitectura que, en el mejor de los casos, se limitan a citarle como colaborador de Miguel Fisac en el Edificio Central del CSIC.[27] Su obra para esa institución se ha visto en efecto eclipsada por la del arquitecto manchego, su joven colaborador, en razón de su posterior trayectoria. Mientras las obras del CSIC son para Fisac el primer eslabón de la cadena de su imponente arquitectura, las de Fernández Vallespín son únicas por motivo de su ordenación sacerdotal, por lo que el anonimato es su lógica consecuencia.

Confiamos que con este trabajo se empiece a descubrir y se valore en su justo término, la obra de un arquitecto formado antes de la guerra civil y, por tanto, en contacto con la joven arquitectura moderna madrileña de los Arniches, Bergamín, Blanco Soler, Domínguez, Lacasa, Sánchez Arcas, y la de sus mayores López Otero o Zuazo que, como hemos apuntado, influyó en sus proyectos.

Ninguna de las obras de Fernández Vallespín responden a los modelos acuñados por la regresión historicista de la mayoría de arquitectos de la época. Tan solo en el Edificio Central del CSIC que hace en

---

[27]   Su nombre no aparece, por ejemplo, en los siguientes manuales: MIGUEL ÁNGEL BALDE-
LLOU y ANTÓN CAPITEL. Arquitectura Española del siglo XX, Tomo XL del Summa Artis, Espasa-
Calpe, Madrid, 1996; BERNARDO GINER DE LOS RIOS. Cincuenta años de arquitectura española.
Adir Editores, Madrid, 1980; RODOLFO UCHA DONATE. Cincuenta años de arquitectura española
I, (1900-1950), Adir Editores, Madrid, 1980. Sí lo cita ÁNGEL URRUTIA, *op. cit.*. Véanse también
notas a pie de página núm. 15 y 29.

colaboración con Fisac en un momento en que el arquitecto manchego estaba *«en pleno estudio entusiasta del cinquecento italiano»*,[28] se dan tales evidencias. Así en su pórtico de entrada, en la línea marcada por Piacentini, aparece un ejercicio poco convincente sobre los órdenes clásicos si se compara con el elegante y sutil trazado del pórtico de su vecino el edificio Rockefeller. Y es que la referencia a la historia ni es mera transposición ni simple estilización. Como afirma Grassi:

> *«La referencia al elemento clásico de la arquitectura tiene un valor especial. No se trata de una referencia cultural a una experiencia, a un momento de la historia, o sea, no se trata de un neoclasicismo en el sentido tradicional, sino que más bien se trata de una determinada estructura lógica que se integra, la consideración racional de las reglas de la arquitectura».*[29]

En los tres edificios de nueva planta: el Torres Quevedo, la Residencia de Auxiliares femeninos de Investigación y el Patronato Juan de la Cierva, no hay, por tanto, elementos que hagan directa referencia a los órdenes clásicos: columnas, capiteles, frontones, cornisas, entablamentos. En los dos primeros emerge un espíritu que quiere conectar con esa arquitectura moderna madrileña de preguerra, que niega la vanguardia por lo que tiene de formalismo gratuito, ese «clasicismo moderno o arquitectura sin vanguardia», en expresión de Tafuri de los arquitectos antes citados.[30]

En el tercero, el Patronato Juan de la Cierva, que hemos calificado como su testamento arquitectónico, da un viraje desde ese clasicismo

---

[28]   Cfr. Conferencia pronunciada en el Colegio de Arquitectos de Granada (21 de abril de 1994). Miguel Fisac..., *op. cit.*, p. 10.

[29]   GIORGIO GRASSI. La construcción lógica de la arquitectura. Colegio Oficial de Arquitectos de Cataluña y Baleares. Barcelona, 1973, p. 115.

[30]   Sobre los dos planteamientos de la arquitectura madrileña de la Generación del 25, véase CARLOS DE SAN ANTONIO GÓMEZ. "La imagen de la vanguardia" y "El clasicismo moderno frente a la vanguardia", en Catálogo de la Exposición Revista Arquitectura: 1918-1936, Centro de Publicaciones. Secretaría General Técnica. Ministerio de Fomento, Madrid, 2001, pp. 54-67 y pp. 68-83. También, CARLOS DE SAN ANTONIO GÓMEZ. 20 años de Arquitectura en Madrid. «La edad de plata»: 1918-1936, Comunidad de Madrid, Consejería de Educación y Cultura, Madrid, 1996.

moderno enraizado en la arquitectura madrileña de los años treinta, hacia una modernidad de influencia lecorbusierana en su versión brasileña, en la que no faltan referencias a sus elementos canónicos: pilotis, *brise-soleils* y terrazas utilizables. De hecho, Fisac, refiriéndose a este edificio, lo calificaba de brasileño.[31] Sin embargo, ese cambio de rumbo hacia la modernidad es contenido, sin renunciar a la historia. Así lo manifestaba el propio Fernández Vallespín parafraseando a Jules Superville:

«Mi anhelo es reconciliar lo antiguo y lo moderno. Quisiera que no hubiera entre las dos tendencias un abismo. Lo que importa efectivamente es sentir la poesía de esta vida, prescindiendo de los convencionalismos académicos y esforzándonos por evitar la imitación de lo antiguo. En otras palabras me interesa sobre todo, construir, con cualquier tema, una obra poética».[32]

---

[31]   Entrevista inédita a Miguel Fisac. Eduardo Delgado Orusco, julio de 2001.

[32]   Palabras con las que termina su conferencia, La vida moderna, pronunciada en la República Argentina en 1950. Véase esta conferencia manuscrita en (ARFV), ETSA de la Universidad de Navarra.

FRANCISCO DE ASÍS CABRERO

1912-2005

La aproximación a Francisco de Asís Cabrero se realiza en dos textos: uno primero dedicado a su participación en redacción de las Normas que la Obra Sindical del Hogar (OSH), artículo que formó parte de la publicación Un siglo de vivienda social (1903-2003) que, coordinada por el profesor Carlos Sambricio y publicada por el Ministerio de la Vivienda, realizó la revisión más sólida y sistemática al fenómeno de la vivienda en España en el siglo XX.

Resulta significativo respecto al papel jugado por Cabrero que uno de los capítulos de esta historia sea el establecimiento normativo de las condiciones urbanísticas, de construcción, de habitabilidad, economía, etcétera, de las promociones de la OSH, por lo que tuvieron de fijación de criterios para las masivas promociones que se pretendían en la década de los cincuenta y que acompañaron el crecimiento de la población urbana de las grandes ciudades.

El segundo texto, redactado para ser leído en la Jornada de homenaje celebrada en la Escuela de Arquitectura de Zaragoza con motivo del centenario de Cabrero, es un rápido apunte de la razón de ser de la plástica del arquitecto, ligada fundamentalmente a la construcción, configurando implícitamente un modelo técnico y ético para el proyecto.

La ocasión permitió compartir algunos documentos inéditos extraídos del archivo de Asís Cabrero y que ilustran de primera mano la inmediatez de su práctica profesional.

A. Texto inédito, preparado para la JORNADA DE HOMENAJE A ASÍS CABRERO en el centenario de su nacimiento. Escuela de Ingeniería y Arquitectura de la Universidad de Zaragoza (EINA-UZ). 25 de octubre de 2012.

B. Publicado anteriormente en el Catálogo de la Exposición UN SIGLO DE VIVIENDA SOCIAL (1903-2003). EMV, Ministerio de Fomento y CES (Consejo Económico y Social). Comisario de la Exposición, Carlos Sambricio. Madrid, 2003. Tomo II, pp. 41-43.

Ingenio y figura: sobre la lógica constructiva de Asís Cabrero (2012)

«Rechazamos reconocer problemas de forma; sólo problemas de construcción. La forma no es el objetivo de nuestro trabajo, sino sólo el resultado. La forma, por sí misma, no existe. La forma como objetivo es formalismo; y lo rechazamos. Nuestra tarea en esencia, es liberar a la práctica constructiva del control de los especuladores estéticos y restituirla a aquello que debiera ser exclusivamente: construcción»[33]

Esta ocasión, con motivo del centenario del nacimiento de Francisco de Asís Cabrero (Santander, 4 de octubre de 1912 - Madrid, 29 de febrero de 2005), además de evocar la figura de uno de los arquitectos más interesantes del siglo XX en nuestro país, miembro de la llamada por Carlos Flores *«primera generación de arquitectos de posguerra»*, me permitirá compartir algunos documentos que su generosidad, hace ahora aproximadamente quince años puso en mis manos en el contexto de los trabajos para la elaboración de mi tesis doctoral.

En todo caso centraré mi intervención en dos obras, entendidas como paradigmas de dos fórmulas constructivas muy distantes, casi opuestas entre sí aunque, como se verá, unidas por la coherencia y la disciplina: el bloque de viviendas de la cuarta fase de la Colonia Virgen del Pilar para la Obra Sindical del Hogar y la Arquitectura (OSHA) y el Pabellón de Cristal de la Casa de Campo, ambas en Madrid.

Autor de una obra caracterizada por su sobriedad y su rigor, me gustaría adentrarme en la lógica constructiva de la obra de Asís Cabrero, entendida como verdadero motor de su arquitectura, como podrá comprobarse en estos dos ejemplos, por más que uno responda a las limitaciones materiales de la España de la posguerra y el otro al

---

[33]   Cfr. LUDWIG MIES VAN DER ROHE. «Tesis de trabajo», en Escritos, Diálogos y Discursos. Colegio de arquitectos técnicos de Murcia, 1981. p. 27. Título original: «Arbeitsthesen», G, n° 2, 1923.

desarrollismo y la apertura de nuevas posibilidades que se dio apenas 15 años después.

Empezando por el conjunto residencial para la OSHA, y citando la memoria redactada por el arquitecto:

> *«El objeto del presente proyecto es la construcción de 36 viviendas protegidas, 4ª fase del Grupo Virgen del Pilar (Madrid). Se emplaza en la parte este con fachada principal a la calle prolongación de María de Molina que en esta parte se ensancha y forma plaza con un fondo de 100 metros (Superficie construida 840 metros cuadrados). Pensando en lo importante de su pronta construcción se emplea una estructura de muros de fábrica de ladrillo perpendiculares a la fachada, sobre los que descansan las bóvedas tabicadas de pisos. Los empujes de estas se anulan entre sí y en los extremos son absorbidos por contrafuertes atirantados situados en las bóvedas extremas. De esta manera se prescinde completamente de la madera y el hierro se reduce al mínimo».*

La revisión crítica de este edificio manifiesta en efecto la voluntad del arquitecto de eliminar toda intención estilística, tratándose de un ejercicio de máxima inmediatez formal, derivada de la construcción. Así, Cabrero deviene modelo ético para quienes practican el oficio de la arquitectura en la medida en que la forma de sus edificios es resultado y no imposición.

El empleo de bóvedas tabicadas, técnica tradicional conocida y desarrollada en varias geografías españolas (Extremadura, Cataluña, etc.) respondía a la carencia de materiales, particularmente hierro, en la España de la posguerra. Teorizada por Luis Moya en un libro homónimo a la técnica, este mismo arquitecto la utilizó en un bloque construido para la Dirección General de la Arquitectura (DGA) en Usera, al sur de Madrid, pero cabe apuntar que el bloque de Cabrero se deshizo de las reminiscencias estilísticas que el conjunto de Moya aún presentaba.

En 1964 habían transcurrido 15 años y, por encima de la evolución personal de Cabrero, y aun de la arquitectura española, lo que había

Francisco de Asís Cabrero.

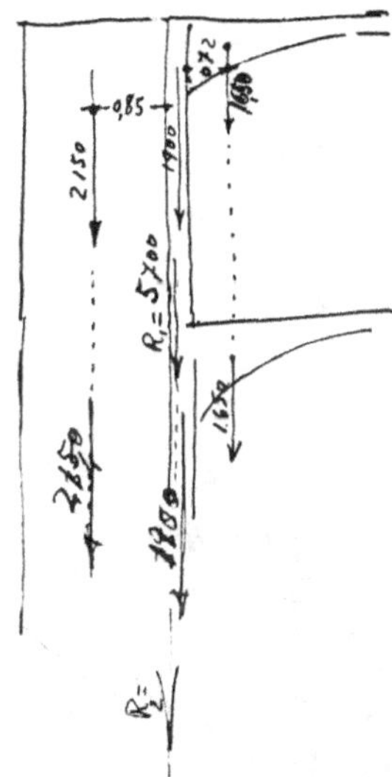

Bloque de viviendas Virgen del Pilar. Madrid. 1949. Francisco de Asís Cabrero. Imagen del exterior, esquema estructural y fragmento de la memoria original del proyecto.

cambiado eran las circunstancias económicas y materiales del país. En efecto por entonces se celebraba con notable insistencia por parte del régimen del General Franco, los *XXV años de Paz*. Los programas oficiales de desarrollo llevados a cabo por sus sucesivos gobiernos, particularmente desde el acceso al poder de la llamada *tecnocracia*, generaron las condiciones para plantear una gran nave diáfana vinculada a los recintos feriales que, en la inmediata posguerra ya se habían puesto en marcha en la madrileña Casa de Campo, con participación directa del mismo Cabrero como arquitecto. Se trataba de mostrar los avances materiales del régimen y de sus *regiones productoras* lo que favoreció una gran inversión ligada a una intervención ejemplar.

El proyecto de Asís Cabrero generó en efecto un edificio cuyo paradigma habría que buscar no ya en las técnicas tradicionales reinterpretadas en la España de la posguerra, sino en el desarrollo de los grandes Centros de Convenciones que Mies van der Rohe estaba intentando construir en la potente geografía norteamericana.

Para terminar, a modo de valoración del acierto del trabajo de Cabrero en lo que se refiere a su voluntad de transcripción literal de la forma derivada de la construcción, querría evocar una anécdota referida (y rigurosamente inventada) por Alberto Campo Baeza: en ella se relata

Pabellón de Cristal. Madrid. 1964. Francisco de Asís Cabrero.

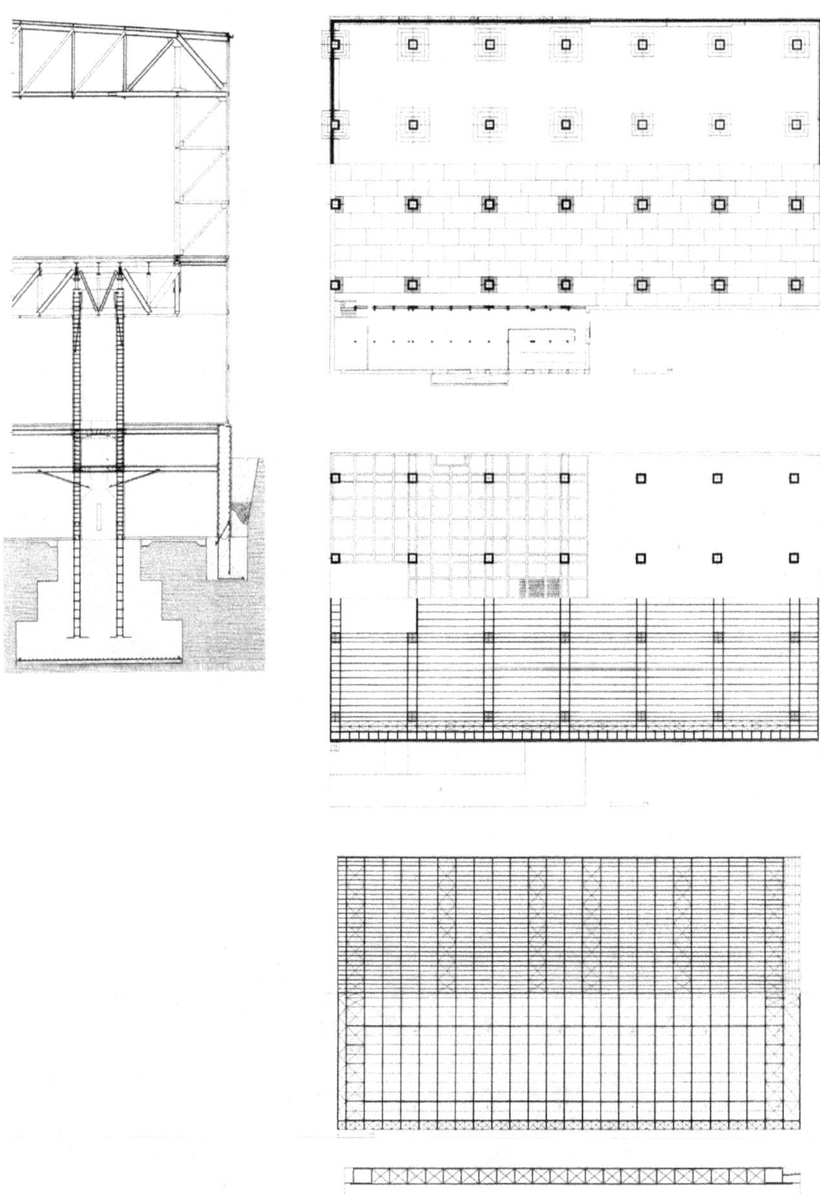

Pabellón de Cristal. Madrid.
1964. Francisco de Asís Cabrero.
Sección constructiva y plantas
estructurales.

una –inexistente– visita de Mies van der Rohe a Madrid en el verano de 1964. Su acomodada anfitriona le condujo, como es de rigor, a una matinal en el Museo del Prado y, ya por la tarde, al Palacio Real. Educadamente aburrido –siempre según Campo– Mies acertó a atisbar desde una de las ventanas de la mole palaciega el volumen del Pabellón de la Casa de Campo y pidió ser conducido allí. Una vez en su interior –trasladado ¿cómo no? en un elegante Mercedes– Mies, que había practicado e inspirado una arquitectura carente de ornato y basada en la lógica constructiva, entró en un aparente trance mientras recorría el sencillo pero majestuoso vacío del edificio de muestras, sin duda reconociendo sus deseos y sus aspiraciones, tan bien representadas en aquel sorprendente pabellón.

Al margen de esta anécdota, que puede que ya haya empezado a repetirse como cierta en las aulas y en los casinos de los arquitectos españoles, alimentando una innecesaria leyenda, cabe señalar al trabajo de Cabrero, y de otros de sus compañeros de generación, como los artífices del proceso de modernización acelerada que experimentó la arquitectura española desde la traumática posguerra de los cuarenta a los excelentes ejemplos construidos apenas dos décadas después. Sirvan esta jornada y este texto como homenaje a todos ellos, cuyo magisterio alcanza hasta nuestros días.

Pabellón de Cristal. Madrid. 1964. Francisco de Asís Cabrero. Fase de obras.

La OSH y las normas de Asís Cabrero (2003)

La situación de penuria material y aislamiento internacional que
significó para España la guerra civil y el subsiguiente conflicto
europeo condicionaron un lento despegue de la construcción.
Y ello a pesar de la prontitud con que el régimen emergente creó
una urdimbre de instituciones y leyes para fomentar esa actividad.
Sin embargo, el empobrecimiento real de la sociedad condujo a
la necesidad de suplir la casi inexistente iniciativa privada con la
acción directa de ayuntamientos, diputaciones y, especialmente, de la
Delegación Nacional de Sindicatos a través, primero de un servicio
de asesoramiento técnico y poco después, en diciembre de 1939,
por medio de la Obra Nacional Sindicalista, luego reducida a Obra
Sindical del Hogar y la Arquitectura (OSH), a cuyo departamento
técnico quedó adscrito dicho servicio.

Y si hay un arquitecto cuya historia personal y profesional se
encuentra particularmente ligada a la OSH ese es Francisco de Asís
Cabrero. Este arquitecto, siendo todavía estudiante, daba sus primeros
pasos profesionales en 1941 junto a Eduardo Olasagasti, Jefe de la
Sección de Normas de la OSH y uno de los primeros titulares de las
promociones sindicales. Apenas un año más tarde, ya titulado, Cabrero
pasó a asesorar a la OSH en diversas promociones, para ser nombrado
Jefe de su Departamento Técnico a finales de 1943.

Sin embargo, durante más de una década, la falta de recursos
financieros, las escasas capacidades de la industria de la
construcción y una legislación escasamente afinada impidieron un
mayor desarrollo que llegaría, no obstante, a partir de 1954.

El origen de esta nueva fase debe rastrearse en sendos Decretos-Ley.
El primero, fechado el 14 de mayo, establecía un nuevo marco jurídico
para las viviendas de tipo social marcando un objetivo de 10.000
unidades anuales; además, el mismo documento señalaba la prioridad
para las iniciativas de la OSH. El segundo Decreto-Ley, de 29 de mayo,
encomendaba a la propia organización sindical, en colaboración con
el Instituto Nacional de la Vivienda (INV), la realización de un plan de

construcción de al menos 20.000 viviendas anuales, de renta mínima
y reducida, para los *productores* –eufemismo de la época para evitar
hablar de *trabajadores*– encuadrados en la OSH. El resultado fue el
Plan Sindical de la Vivienda Francisco Franco, organizado en cuatro
programas entre 1954 y 1960.

Estas nuevas condiciones exigieron del Departamento Técnico de
la OSH un renovado esfuerzo en la redacción de proyectos y, en
consecuencia, en la contratación de profesionales. Bajo la dirección
de Asís Cabrero se redactaron unas *Instrucciones Complementarias
para la redacción del proyecto*, a las que debían atenerse todas las
promociones acogidas al Primer Programa del *Plan Sindical*.

Estas Normas se fueron completando en los siguientes Programas
del *Plan Sindical*. Así, en el Segundo se dictaron orientaciones para
la elección de los terrenos y la clasificación de las viviendas de
renta limitada y en junio de 1955 se acometieron las Normas para
el desarrollo de los planes de absorción de Madrid.[34] En opinión del
propio Asís Cabrero:

> *«Por la legislación de mayo de 1954, junto a la necesidad de realizar
> viviendas más sociales, controlables y de segura edificación, se nor-
> malizan nuevas plantas y se establecen obligatoriamente las cubiertas
> rígidas de hormigón armado, cámaras de aire en muros, forjado solar,
> bloque de instalación sanitaria, tipologías de huecos exteriores, imper-
> meabilización de cimientos y otros materiales y aparejos que aseguren
> mejores resultados constructivos, de uso y conservación. Se atiende
> además y en primer lugar a los servicios e infraestructuras urbanas
> y en general comienza a aumentar considerablemente el número de
> viviendas económicas construidas por año, llegándose a la cifra de
> 34.700 viviendas en 1957; se trata de un récord nacional y la cota más
> alta europea de este tipo de viviendas eminentemente social».[35]*

---

[34] Para conocer la atmósfera y el alcance de aquella empresa puede consultarse LUIS FER-
NÁNDEZ-GALIANO; JUSTO F. ISASI Y ANTONIO LOPERA. La Quimera moderna. Los poblados
dirigidos de Madrid en la arquitectura de los 50. Hermann Blume. Madrid 1989.

[35] Cfr. FRANCISCO DE ASÍS CABRERO. Los cuatro libros de arquitectura, Tomo III (Crisis
Moderna). Madrid, 1992. p.492

Las Normas aspiraban a ser un *vademécum* para la redacción de proyectos del Plan Sindical de 1954, abordando cuestiones que iban desde la elección de los terrenos a la financiación de las viviendas, pasando por el propio proyecto de arquitectura. Igualmente se recogía la necesidad de colaboración con otras instituciones, particularmente con la correspondiente Comisaría de Ordenación Urbana.

Desde aquella preocupación económica, particular atención se concedía a la aproximación urbanística, adecuando la alineación de los bloques de vivienda a las curvas de nivel. En esta misma línea se prescribía el respeto al arbolado existente, recomendando la presencia de masas verdes a las que se destinaba con carácter obligatorio un 15% del coste total de la urbanización.

Para evitar la apariencia de actuaciones excesivamente masificadas, las Normas recomendaban interrumpir la composición general por medio de la alternancia de fábricas y aparejos o mediante ligeros retranqueos de fachada. En este mismo sentido se recomendaba la manifestación en el exterior de las particularidades interiores de la vivienda.

Se prohibía expresamente toda *«composición pretenciosa»*, enumerando para aclarar esta prescripción una serie de situaciones que debían evitarse, como simetrías que violentasen la distribución interior; acento de las mismas con remates exteriores; balconadas corridas para subrayar la horizontalidad exterior o con otros fines decorativos, o la incorporación de elementos de estilos del pasado.

También se señalaba la necesidad de contar con una serie de edificios complementarios por Grupo. Se hablaba del templo, de la casa sindical, del mercado, de las escuelas, etcétera, proyectos todos ellos para los que también se daban indicaciones.

Como se ha señalado, el coste de la urbanización y servicios complementarios no podría exceder del 15% del presupuesto total, incluida la construcción de calles, red de alcantarillado, servicio de agua, iluminación, conducciones hasta las acometidas, zonas verdes, jardines infantiles y urbanización en general de las zonas destinadas a los servicios sociales.

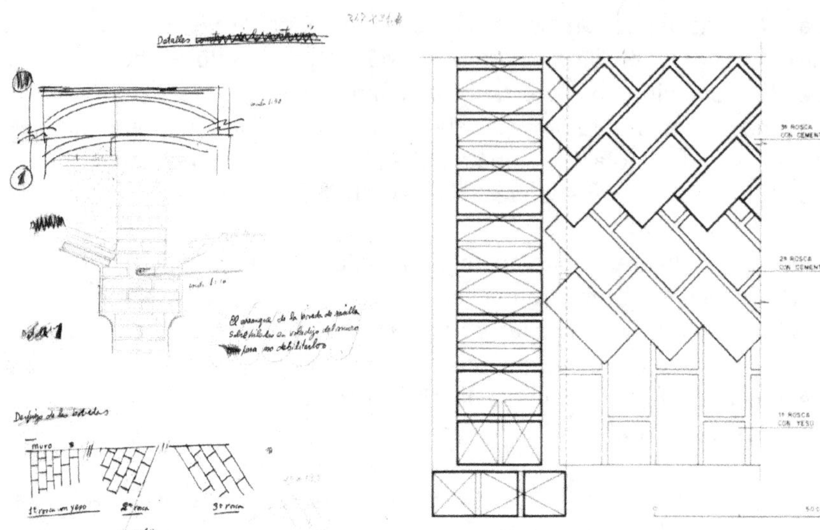

Bloque de viviendas Virgen del Pilar. Madrid. 1949. Francisco de Asís Cabrero.

Esta misma normativa entraba a fijar precios de materiales, partidas
e incluso honorarios facultativos, vinculados no obstante, a las
indicaciones del INV. El último apartado de estas Normas venía a fijar
las características constructivas *tipo* de la vivienda social:

> *«Lámina impermeable entre cimientos y muros. Impermeabilización
> de solera de planta baja. Muros de ladrillo visto al exterior o revesti-
> dos de fácil conservación. Cámara de aire en muros exteriores. Em-
> pleo únicamente de elementos verticales de hormigón armado en
> bloques de altura. Limitación al mínimo de cargaderos. Eliminación
> de la madera en estructura de cubierta y cielos rasos. Empleo de un
> solo forjado en cubiertas. Paramentos interiores guarnecidos, pero
> no maestreados. Suelos de baldosín liso o continuo de cemento.
> Carpintería de huecos exteriores de primera calidad. Carpintería de
> huecos interiores de gran economía. Empleo de posibles ventanas
> de una sola hoja. Puertas reducidas al exterior y pasos de aseos y
> dormitorios. Armarios empotrados sin puertas, a excepción de la
> despensa. Aseos y cocinas de dos viviendas formando un bloque.
> Fontanería de primera calidad y de secciones holgadas. Supresión
> de calefacción y agua caliente. Subidas de humos de cocina centra-
> da en las viviendas. Instalación eléctrica sin empotrar».*[36]

En resumen, cabe sintetizar que estas Normas, ambiciosas y
heterogéneas, destinadas originalmente a los Grupos de la OSH
pero extendidas a muchas otras promociones públicas y privadas,
marcaron un antes y un después en la ejecución de viviendas en
nuestro país. En el terreno técnico-constructivo sirvieron para
definir unos mínimos necesarios que, de modo natural, elevaron la
calidad media de la vivienda. Pero, por encima de este capítulo, su
decidido compromiso con la *ortodoxia moderna*, tanto en el terreno
de la arquitectura como del urbanismo, significaron la definitiva
superación de la opción *histórico-casticista* y el *espaldarazo* a una
cierta modernidad emergente que habría de manifestarse con mayor
claridad en sucesivos capítulos de la arquitectura en nuestro país.

---

[36]   Cfr. La Obra Sindical del Hogar y la Arquitectura. Plan Sindical de la Vivienda: Decretos-Ley
de 14 y 29 de mayo de 1954. Normas para la confección de Proyectos de Grupos de viviendas "tipo
social" para el programa 1954. Madrid. p. 11.

JOSÉ LUIS FERNÁNDEZ DEL AMO

1914-1995

Aceptando una cierta dosis de simplificación puede decirse que las mayores aportaciones de José Luis Fernández del Amo se apoyan en dos frentes: su trabajo durante más de veinte años para el Instituto Nacional de Colonización y su arquitectura de carácter religioso.

En el primer capítulo puede hablarse de la asimilación de la gramática moderna en un programa para la edificación de nuevos pueblos que sembró la España franquista de una exquisita y anónima arquitectura evitando los clichés casticistas que otros arquitectos practicaron. En el terreno de la arquitectura religiosa Fernández del Amo tuvo una de las más cultas y cuidosas aproximaciones de nuestro panorama cultural que sirvió para sentar las bases de la renovación consagrada por el Vaticano II.

El texto que aquí se presenta fue parcialmente publicado en la revista alemana *Kunst und Kirche* y, aunque hace una presentación para el público extranjero de la personalidad y la trayectoria de Fernández del Amo, se centra precisamente en su producción religiosa para Colonización, lo que permite un detallado recorrido y una profundización en la evolución de su trabajo.

Publicado anteriormente en la revista **KUNST UND KIRCHE**, I 2002 (Alemania), bajo el título "Die kirchen von der kolonisierung" ("Las iglesias de Colonización"), pp. 22-25.

José Luis Fernández del Amo y la colonización de la modernidad desde el INC (2002)

Capítulo esencial en la reconstrucción no ya sólo física, sino del equilibrio social y económico que era deseado por el régimen emergente de la guerra civil de 1936, fue la política de *Colonización* del territorio llevada a cabo desde el Ministerio de Agricultura a través del Instituto Nacional de Colonización —el INC— creado con ese nombre[37] en octubre de 1939. En parte se trataba de un intento de dar continuidad al Plan Nacional de Obras Hidráulicas de los tiempos de Indalecio Prieto y en parte también se planteó como un medio de abastecimiento de productos agrarios a la necesitada población urbana de la posguerra.

En efecto, y a pesar de la parafernalia propagandística desplegada en Madrid, el mismo régimen adoptó desde el primer momento un modelo agrario, en detrimento de un apoyo más decidido a la industria. Así, no puede sorprender que precisamente alrededor de las iniciativas oficiales destinadas a la *Colonización* del mundo agrario se fuera fraguando —al menos en parte— la evolución de la arquitectura nacional desde el modelo historicista de posguerra hacia otro modelo más moderno, de raíz organicista. En efecto, los proyectos del INC se realizaban en un contexto poco determinante y, en general, no se encontraban sometidos a una crítica directa, lo que favoreció una cierta experimentación, tanto tipológica como figurativa. Se trató, en definitiva, de una coherente apuesta por un regionalismo nada afectado, consecuencia de un *realismo* capaz de admitir sin traumas y dentro de una lógica evolución la tendencia a la abstracción moderna.

Y lo cierto es que a la vuelta de los años aún se le ha de asignar su justo valor a esta sorprendente actuación. Su unidad con la

---

37   El INC nació en realidad cuando todavía no había concluido la guerra civil; con el nombre de *Servicio Nacional para la Reforma Económica y Social de la Tierra* se explica, bien a las claras, la intención de su creación.

ejecución de presas y pantanos —parte importante de las obras
civiles típicas-tópicas de la dictadura franquista— han cubierto bajo
un velo de desprecio y desinterés una de las gestas más recientes
del más genuino y *quijotesco* espíritu español. También en el orden
arquitectónico aún está pendiente un estudio en profundidad que
analice las aportaciones al proceso de modernización que por esos
años estaban llevando a cabo los arquitectos españoles. La sola
enumeración de los participantes en esta aventura puede dar una
idea de la necesidad de prestar una mayor atención a este capítulo
para mejor comprender aquel proceso: José Luis Fernández del Amo,
Alejandro de la Sota, José Antonio Corrales o Antonio Fernández
Alba, son sólo algunos de esos nombres.

Aquel ambiente de experimentación se manifestó particularmente
en el género sacro, donde además habría que subrayar en qué medida
la participación de José Luis Fernández del Amo, arquitecto autor
de un número ingente de proyectos para el Instituto, e intelectual
preocupado desde sus primeros años de formación por la cuestión
de la renovación de lo sacro a la luz de los principios del Movimiento
Litúrgico Europeo,[38] introdujo numerosas novedades tanto en el
terreno tipológico como figurativo. A este esfuerzo no resultó
en absoluto ajena la aportación de artistas plásticos —también
de primera fila, como Pablo Serrano, Manuel Hernández Mompó,
Jacqueline Canivet, José Luis Sánchez, Antonio Rodríguez Valdivieso
o Antonio Suárez, en una relación apresurada y necesariamente
incompleta— cuyos trabajos sirvieron para enriquecer muchos de
aquellos templos.

José Luis Fernández del Amo ocupa un destacado lugar entre los que
Carlos Flores designa como integrantes de la *«primera generación de
arquitectos de posguerra».*[39] Esta generación fue —en gran medida—

---

[38] Para una mayor profundización en la formación, inquietudes y trabajos de este autor en relación
con la edificación religiosa, cfr. «El Concepto de la *Integración de las Artes* en la tipología sacra de
José Luis Fernández del Amo», Eduardo Delgado Orusco. Actas del Congreso internacional *Arte
Sacro: Un proyecto actual. Arquitectura, Pintura y Escultura*. Madrid, octubre 1999. Fundación Félix
Granda, Madrid, pp. 173-190 (+2 pp. de ilustraciones).

[39] Los integrantes de esta *«primera generación de arquitectos de posguerra»* serían los *«Cabrero,*

Iglesia parroquial A Cruz do Incio. Lugo. 1960-1963   José Luis Fernández del Amo

la responsable de la *homologación* de la arquitectura española en el panorama internacional de los sesenta. Y este esfuerzo resultó tanto más meritorio en la medida en que el punto de partida fue la opción *histórico-casticista* de los años cuarenta, resultado de la reacción del bando vencedor en la Guerra civil ante las aproximaciones de las autoridades de la Segunda República a la arquitectura moderna.

No obstante, hoy me gustaría evocar la poderosa personalidad de José Luis Fernández del Amo —a través de un recorrido por sus proyectos e intenciones de carácter sacro para el INC— por la concurrencia de una serie de intereses, que marcaron decididamente su obra y por extensión, el panorama cultural de los años que le tocó vivir.

En efecto, José Luis Fernández del Amo tuvo a lo largo de su carrera un interés particular —casi *debilidad*— por la tipología sacra. Así lo manifestaba el propio arquitecto cuando afirmaba, en un texto que por su fecha —1991— bien puede considerarse una visión retrospectiva global de los intereses de toda su carrera. Se trata de una colaboración en la revista Lucensia,[40] radicada en Lugo, cuya Redacción solicitó del arquitecto una crítica a cuatro iglesias

---

Valls, Aburto, Coderch, Fisac, De la Sota, Moragas, Fernández del Amo, y Sostres, entre otros». Cfr. CARLOS FLORES. Arquitectura Española Contemporánea, I 1880-1950. Aguilar S.A. de Ediciones. Madrid 1989. p. 242.

[40]   Cfr. LUCENSIA n° 2. Lugo, 1991.

construidas por él mismo en Galicia entre la década de los sesenta y la de los ochenta:

> *«Me piden que dé cuenta de un hacer por tierras de Galicia en el que puse mi experiencia y mi ilusión, con un tema para el que hubo preferencia en el ejercicio de mi profesión; —y continúa Fernández del Amo— Tengo que decir que, al dedicarme a él muchas veces a lo largo de la vida y en muy distintos lugares, fue planteado sucesivamente correspondiendo con la evolución de la reforma que conocí desde sus comienzos con el espíritu de la Liturgia de Guardini, allá por los años treinta».[41]*

Efectivamente, este interés se remontaba a sus primeros años de formación, de los que siempre se sintió particularmente orgulloso, como lo demuestra la atención prestada a este punto en la biografía que el propio arquitecto presentó —asistido por su *alter ego* en sus últimos años, su hijo Rafael—, para la publicación de su Discurso de Recepción Pública en la Real Academia de Bellas Artes de San Fernando:

> *«1926. Su formación religiosa se inicia con un grupo de Acción Católica en la parroquia de San Jerónimo el Real, de carácter independiente y crítico, que le marcó para enfrentarse en la vida universitaria, y una inclinación hacia el cultivo de la Liturgia, desde Guardini a los Benedictinos de Silos».[42]*

En esa parroquia madrileña de San Jerónimo el Real, coincidió con los hijos del General Llanos, de cuya familia eran vecinos —*«y con la que tiene trato de parientes»*—, en la calle Columela, en la

---

[41] Cfr. JOSÉ LUIS FERNÁNDEZ DEL AMO. Palabra y Obra. Escritos Reunidos. Colección Textos Dispersos. COAM. Madrid, 1995, p. 99.

[42] De la biografía recogida en la publicación realizada con motivo del Acto de Recepción Pública de José Luis Fernández del Amo como Académico electo de la Real de Bellas Artes de San Fernando, p. 59.
Cfr. JOSÉ LUIS FERNÁNDEZ DEL AMO. Encuentro con la Creación. Discurso del Académico electo Excmo. Sr. D. José Luis Fernández del Amo, leído en el Acto de Recepción Pública el día 10 de noviembre de 1991, y contestación del Excmo. Sr. D. Antonio Fernández Alba. Madrid, 1991.

casa medianera con la iglesia de San Manuel y San Benito al lado
del Parque del Retiro. Por edad, Fernández del Amo trató con más
intensidad a Manuel Llanos, que durante la guerra fue asesinado junto
con otros, en los altos de Chamartín. Pero también conoció y trató a
José María Llanos, que llegaría a ser el jesuita padre Llanos —mítico
líder de Entrevías— entonces un joven aproximadamente de la misma
edad. Por su parte y evocando aquella etapa de su formación, el padre
Llanos —ya anciano— hacía memoria del ambiente y las amistades de
San Jerónimo el Real:

*«Por entonces (...) acudíamos a la parroquia —la mía era la de San
Jerónimo—. El coadjutor de allí reunió a un grupo de jóvenes y nos
daba Círculos de Estudio, donde íbamos mis hermanos y yo. Allí
conocimos a muchos otros jóvenes de nuestra edad: José Palma,
Rafael Pajarón, Armando Durán, José Manuel Córdoba, Fernández
del Amo... Rafael Pajarón fue el que me llevó a la Universidad y me
entroncó con los Estudiantes Católicos, que eran independien-
tes de la Juventud de Acción Católica. Los Estudiantes Católicos
estaban en la Universidad y la Juventud de Acción Católica, en las
parroquias».*[43]

Por otra parte, Fernández del Amo supo, desde los comienzos
de su carrera, rodearse de otros artistas —pintores, escultores,
vitralistas, etcétera— que le ayudaron a concretar su peculiar
concepción de la arquitectura como suma de colaboraciones y
que respondía a la imagen que el arquitecto tenía de los talleres
de la Edad Media o del Renacimiento, en los que sus obras eran
consecuencia del trabajo en común de un conjunto de artistas,
especialistas cada uno en una sección.[44]

---

[43]   Cfr. JUAN ABARCA ESCOBAR. Disculpad, si os he molestado. Conversaciones con el Padre
Llanos anciano. Desclée de Brouwer. Madrid, 1991, p. 81.

[44]   *«Hace 25 años, en momentos históricos y emocionales, llegué a pensar en la formación de un taller
colectivo, de carácter gremial, con el arquitecto como maestro de taller, a la manera medieval, para hacer
posible una verdadera integración de las artes. Un taller vivido comunitariamente, entonces planeado con
vistas a una renovación del arte sacro o arquitectura de la liturgia, como lo he llamado. El problema estaba
en hacer radicar las artes en los fundamentos mismos del espacio arquitectónico. Los medios de la colaboración y sus circunstancias en general resistentes a una total compenetración y al estudio del proyecto
y su realización me han demostrado el carácter utópico de la pretendida "integración". Romero Brest me*

Después de una breve estancia en tierras aragonesas, y trasladado
a la región de Granada, sus primeros pasos profesionales se vieron
ligados a la acción reconstructora de la *Dirección General de Regiones
Devastadas*, de la mano de Francisco Prieto Moreno. En Almería,
mediada la década de los cuarenta, tuvo ocasión de participar en el
proyecto de una *barriada* construida por aquel organismo. Pero lo más
destacado de su estancia en tierras andaluzas fue el contacto con
jóvenes artistas y artesanos que habrían de participar, al correr de
los años, en sus obras y proyectos. Es el caso de Antonio Valdivieso
y Eduardo Carretero —pintor y escultor— con los que recorrió Las
Alpujarras de Granada, *«estudiando su arquitectura, (y) levantando
planos de sus iglesias».*[45]

En el año 1947 Fernández del Amo fue llamado a las oficinas centrales
del *Instituto Nacional de Colonización,* relación que mantendría,
hasta que pidió la excedencia, veinte años después.[46] Fernández del
Amo sucedió en este puesto a Alejandro de la Sota —quien más que
probablemente le recomendaría— en la dirección de los pueblos de El
Torno y la Barca de la Florida en el campo de Jerez. Inmediatamente
después de su llegada a Madrid, Fernández del Amo conoció al
grupo de intelectuales ligados al entonces Ministro de Educación
Nacional, Joaquín Ruiz Giménez, integrado por los falangistas-

---

desilusionaba definitivamente, demostrándome su imposibilidad». Cfr. HOGAR Y ARQUITECTURA.
Enero-febrero 1963. *Una Encuesta sobre la "Integración de las Artes".* p. iv.

[45] De la biografía recogida en la publicación realizada con motivo del Acto de Recepción Pública
de José Luis Fernández del Amo como Académico electo de la Real de Bellas Artes de San Fernando. *Op. cit.,* p. 60.

[46] En efecto, si hay un arquitecto protagonista —por calidad y cantidad—, de los *Poblados de
Colonización*, y que podría describir por sí solo el recorrido de este fenómeno, ése es José Luis Fer-
nández del Amo. Este arquitecto proyectó y construyó casi una veintena de esos *Poblados* —«*Con
diversos criterios según su localización se levantaron los pueblos de Belvis de Jarama (Madrid), el
Torno y La Barca de la Florida (Cádiz) en colaboración, San Isidro de Albatera y El Realengo (Alicante),
Campohermoso, Las Marinas y Puebla de Vicar (Almería), Villalba-Calatrava (Ciudad Real), Vegaviana
(Cáceres), Solana de Torralba en colaboración y Miraelrío (Jaén), Cañada de Agra (Albacete), Barriada
de Jumilla (Murcia), La Vereda (Córdoba), El Trobal (Sevilla) en colaboración.*» Cfr. JOSÉ LUIS FER-
NÁNDEZ DEL AMO. *Fernández del Amo, Arquitectura 1942-1982*, Ministerio de Cultura. Madrid, 1983.
p. 41—, con una sorprendente calidad en sus diferentes escalas —que van desde la urbanización
general, al detalle de la vivienda— y en regiones tan dispares como Almería, Cáceres o la propia
provincia de Madrid.

liberales Laín Entralgo, Aranguren, Rosales, Ridruejo, Vivanco y
Tovar, todos ellos colaboradores de la revista Cuadernos para el
Diálogo. Estas relaciones le procurarían, además de una participación
en la *profundización crítica con el régimen* de este grupo, el puesto
de Director del nuevo Museo de Arte Contemporáneo. Desde ese
prominente observatorio, Fernández del Amo hacía un apunte que bien
podía servir para tomar el pulso al momento:

> *«En torno a este año —1950— se produce por toda España, como*
> *un eclosión germinal de inquietudes por la renovación de las Artes.*
> *Puede hablarse de una nueva generación en la música, la poesía,*
> *y en las artes plásticas: pueden darse nombres señeros en todas*
> *ellas. En este tiempo se remueve la situación política en ámbitos*
> *culturales y universitarios. —El propio Fernández del Amo, habla*
> *de su propia experiencia en tercera persona— participa y convive*
> *con sus promotores. En diversas capitales de provincias surgen*
> *individualidades y grupos con espíritu creador. Primeras tentativas*
> *de arte abstracto y de la nueva figuración. —Otra vez Fernández del*
> *Amo— ha tenido la experiencia directa de su acción reveladora».*[47]

En calidad de Director del Museo, el arquitecto multiplicó sus
relaciones con los artistas que conformaban la vanguardia española
y que empezaban a ser reconocidos en el extranjero.[48] Otro capítulo,
escrito por Fernández del Amo desde la *atalaya* del Museo de Arte
Contemporáneo y que conviene recordar en relación con la historia de
la modernización-actualización de nuestra arquitectura sacra, fue su
participación —junto a Modesto López Otero y Luis Moya Blanco—
en el Tribunal que otorgó al proyecto de *Una Capilla en el Camino de*

---

[47]   De la biografía recogida en la publicación realizada con motivo del Acto de Recepción Pública
de José Luis Fernández del Amo como Académico electo de la Real de Bellas Artes de San Fernando. *Op. cit.*, p. 61.

[48]   A este respecto resulta reveladora la carta manuscrita del escultor Eduardo Chillida, publicada
en el catálogo de la Exposición antológica dedicada al arquitecto en 1982, y en la que —casi notarial-
mente— señalaba: *«Fernández del Amo, entonces (1954) director del Museo de Arte Contemporáneo,*
fue el primero en adquirir una obra mía. Debo de reconocer que esta compra me permitió creer, no en mi
trabajo, en el que siempre he creído, sino en la posibilidad de poder vivir de él. (...) Gracias por haberte
fijado en el primer "Peine del Viento" y en el "Espíritu de los Pájaros". Cordialmente, Eduardo Chillida».
Cfr. JOSÉ LUIS FERNÁNDEZ DEL AMO. *Op. cit.* p. 25.

Santiago —de Sáenz de Oíza, Oteiza y Romany— el Premio Nacional de Arquitectura de 1954.[49]

El también arquitecto Antonio Fernández Alba —discípulo aventajado de Fernández del Amo[50]— explicitaba la generosa actitud de Fernández del Amo, en un texto que ayuda —además— a perfilar su personalidad:

> *«Apenas había comenzado los estudios de la Facultad de Exactas para cursar los años complementarios que requería la preparación del ingreso en la Escuela de Arquitectura (1947-49), tuve la fortuna de conocer por mi padre, a un joven arquitecto madrileño que trabajaba como funcionario, un poco atípico, en el Instituto Nacional de Colonización, donde redactaba proyectos para los asentamientos rurales en áreas de regadío. José Luis Fernández del Amo acogía detrás de su generosa e indómita personalidad un perfil abierto, dispuesto a inventariar toda su sensibilidad en beneficio de aquellos jóvenes artistas, que buscaban poder incorporar las conquistas más genuinas de las vanguardias históricas ya consagradas al otro lado de los Pirineos. En el entorno de sus tertulias y reuniones conocí a los grupos más significativos del arte español, la crítica literaria, el mundo de la música y esa trama de meandros que bordean los refinamientos creadores, espectro verdaderamente*

---

[49] El Acta del Jurado —reunido en Madrid, en la Sala de Exposiciones de la Dirección General de Bellas Artes sita en el edificio de la Biblioteca Nacional, con fecha 3 de diciembre de 1954— destacaba *«el empeño de sus autores en plantearse el problema con la pretensión de la máxima originalidad, en un esfuerzo de verdadera creación, creyendo que, en efecto, constituye una aportación, tal como fue el propósito de sus autores, de incorporar las nuevas conquistas de la técnica en la consecución de estructuras espaciales, dando lugar a nuevas formas con un estudio enjundioso de su adaptación al espíritu que reclama el tema».*

[50] Antonio Fernández Alba contaba 29 años en 1957, cuando obtuvo su título de arquitecto en la ETSAM. Esta relativamente tardía titulación puede explicar —al menos en parte— la sorprendente madurez de sus primeros proyectos. No obstante, la mera lectura de esa fecha podría conducir a error: Fernández Alba había mantenido desde su llegada a Madrid desde su Salamanca natal una enorme actividad intelectual, fundamentalmente debido a sus relaciones con el arquitecto José Luis Fernández del Amo.
Éste le había introducido en el ambiente artístico de la capital como consecuencia de su personal preocupación por la *Integración de las Artes*, y esta introducción se tradujo en la presencia del joven Fernández Alba en la formación del Grupo El Paso, en 1957, o en la colaboración asidua en la Redacción de la revista ARQUITECTURA, junto a Carlos de Miguel.

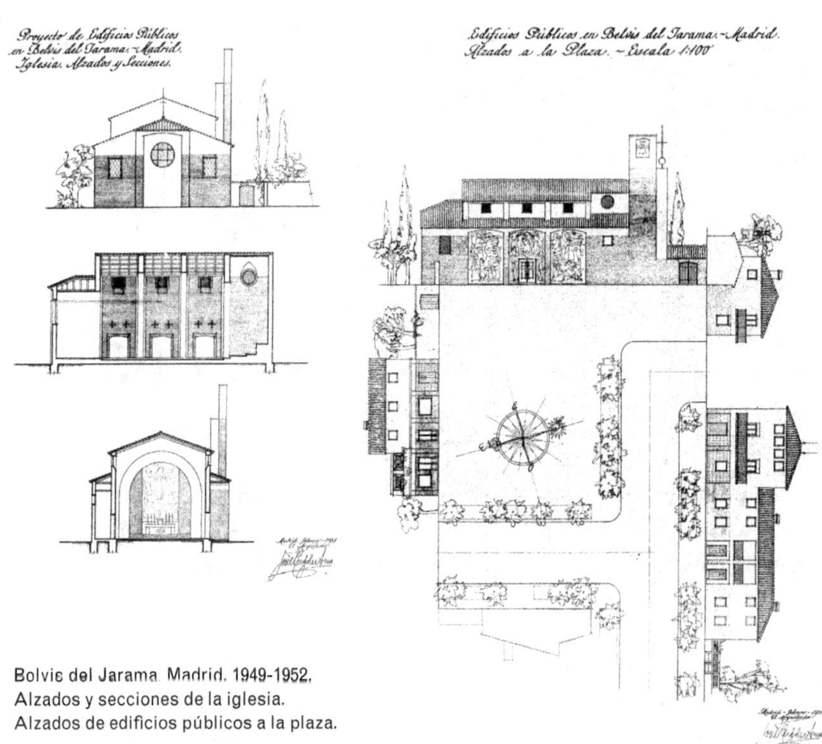

Bolvis del Jarama. Madrid. 1949-1952.
Alzados y secciones de la iglesia.
Alzados de edificios públicos a la plaza.

revelador que fortalece los valores del autodidacta adolescente en busca de horizontes culturales. En medio de aquella tortura que significaba para el estudiante de arquitectura el aprendizaje del Análisis Matemático, o los ejercicios preparatorios en torno a los blancos modelos helénicos en el viejo Casón del Retiro. Este entorno creado alrededor del arquitecto Fernández del Amo, supuso en el Madrid de los cincuenta para muchos jóvenes próximos a las vanguardias del arte una liberación que escamoteaba la grotesca manipulación política, el culto del arte por el arte, soportes que servían de apoyo a la "cultura establecida" y fomentaban una moral cuya valencia fascista era innegable».[51]

---

[51]   Cfr. ANTHROPOS. REVISTA DE DOCUMENTACIÓN CIENTÍFICA DE LA CULTURA 152. Enero 1994. *Autopercepción intelectual de un proceso histórico. Noticia cierta. Antonio Fernández Alba.* pp. 21-22.

San Isidro de Albatera. Alicante. 1953.
Vista aérea del poblado.

San Isidro de Albatera. Alicante. 1953.
Viviendas de colonos con las fachadas al corral.

Pero en cualquier caso, el mayor mérito de José Luis Fernández del Amo estuvo en saber aunar estas dos atracciones —el interés por la tipología sacra y sus relaciones en el ambiente artístico— en su propia obra arquitectónica.

En efecto, y en parte como consecuencia de esas tempranas inquietudes, Fernández del Amo construyó un importante número de espacios de carácter sacro: mediada la década de los cuarenta en la mencionada actuación en la *Dirección General de Regiones Devastadas* en Almería, dirigida por Francisco Prieto Moreno, Fernández del Amo tuvo su primer contacto con un templo de nueva planta. No obstante, en este proyecto, el joven arquitecto no pudo distanciarse de los modelos historicistas en boga en la España de los cuarenta, recreando un espacio de planta basilical y organización convencional. Mucho mayor interés —tipológico y figurativo— presenta la serie de templos parroquiales proyectados para sus *Poblados* del *Instituto Nacional de Colonización,* obra que requiere una atenta revisión, y en la que podrían rastrearse las inequívocas fuentes de arquitecturas tan dispares como la del propio Antonio Fernández Alba, Julio Cano Lasso y otros autores que en su producción se han movido entre el racionalismo ecléctico y la tradición moderna.

En 1949 José Luis Fernández del Amo proyectó el *Poblado* de Belvis del Jarama, única intervención del *Instituto* en la provincia de Madrid.

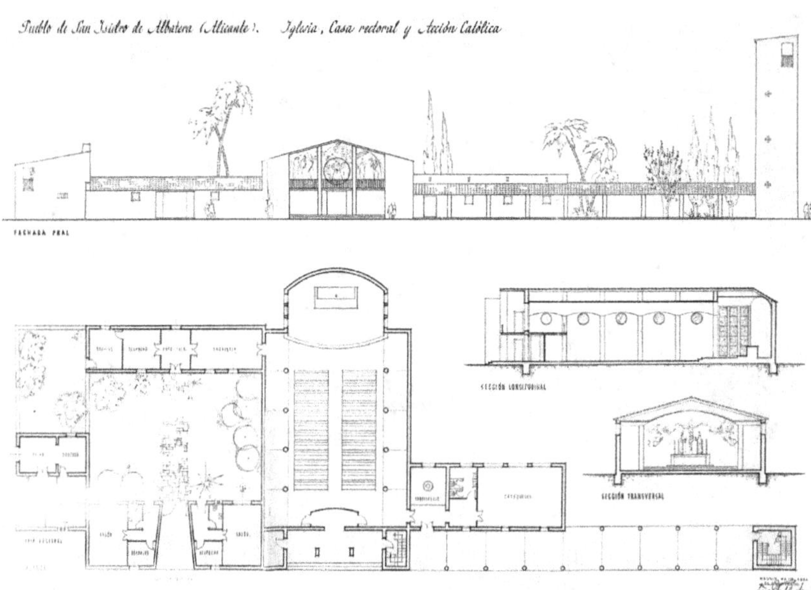

San Isidro de Albatera. Alicante. 1953. Planos e interior de la Iglesia.
Vidrieras de Antonio Hernández Carpe.

Villalba de Calatrava. Ciudad Real. 1955. VIsta aérea.

Su trazado, tanto en lo urbanístico como en el diseño arquitectónico de sus viviendas y edificios públicos puede considerarse todavía un "rodaje" de lo que serían las actuaciones de su autor ligadas a este organismo. No obstante, Fernández del Amo quiso ya contar con la colaboración de algunos de los artistas a los que había conocido y tratado, y con los que había compartido inquietudes en su estancia andaluza. En el *Poblado* madrileño de Belvis, fue Antonio Valdivieso quien decoró las fachadas y el retablo de la iglesia.

Poco después y tras el rechazo de los proyectos de Torres de Salinas (1951), en la zona del Alberche, Fernández del Amo redactó el proyecto de San Isidro de Albatera (1953), en Alicante. Se trata del primer *Poblado* de gran tamaño de este arquitecto. El proyecto vino condicionado por un deseo de alta densidad poblacional y por el respeto a unas zonas de vegetación de palmeras. En el informe del *Servicio de Arquitectura* se recogía casi un folio completo de objeciones —*«creemos que el presente proyecto tiene más factores negativos que positivos»*— para terminar, paradójicamente, recomendando su aprobación —como así se hizo—, debido a que *«su planteamiento es totalmente distinto de los que el Instituto viene construyendo y nos parece por tanto aconsejable la aprobación del mismo por si se encontrase en la práctica motivos para nuevas*

 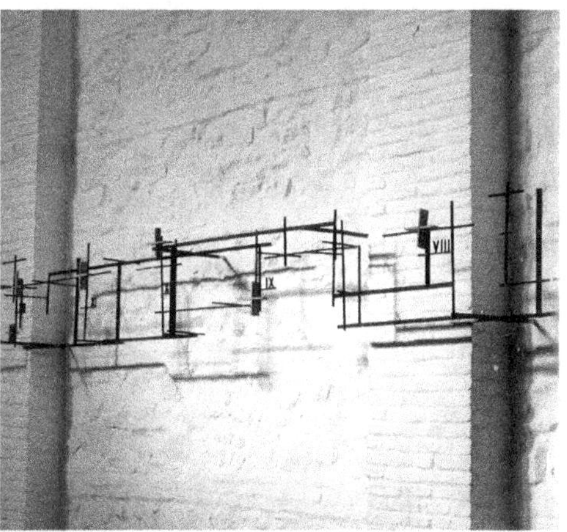

Villalba de Calatrava. Ciudad Real. 1955.
Fachada de la iglesia con el mosaico de
Manuel Mompó.

Villalba de Calatrava. Ciudad Real. 1955.
Via Crucis de Pablo Serrano.

variaciones en las normas hasta ahora seguidas en lo que vamos ejecutando, evitando por tanto la preocupación que esta Jefatura siente de caer en la excesiva repetición en los trazados de ordenación de los nuevos Pueblos».

La Iglesia parroquial, con sus dependencias correspondientes, se planteaba en la vía principal del *Poblado*. La planta se ideó de nave central y dos laterales a modo de deambulatorio en un esquema relativamente tradicional. El presbiterio se encontraba encajado en un ábside-capilla, pero avanzando decididamente sobre la nave de los fieles. La escasa altura del conjunto contrastaba, no obstante con otros ejemplos contemporáneos y empezaba a definir la que será una de las constantes de la arquitectura sacra de su autor, en un claro deseo de restar monumentalidad a estas arquitecturas. La iglesia de San Isidro, presenta vidrieras realizadas en hormigón por Antonio Hernández Carpe y un *Calvario* de José Luis Sánchez, sobre un fondo mural cerámico de Manuel Baeza.

Situado en la Encomienda de Mudela, la operación del *Instituto* en el *Poblado* de Villalba de Calatrava (1955), provincia de Ciudad Real, consistió en la puesta en explotación de este latifundio, en

Vegaviana. Cáceres. 1954. Viviendas de colonos.
Fotografía de Joaquín del Palacio, "Kindel".

Vegaviana. Cáceres. 1954. Imagen del exterior
de la iglesia.

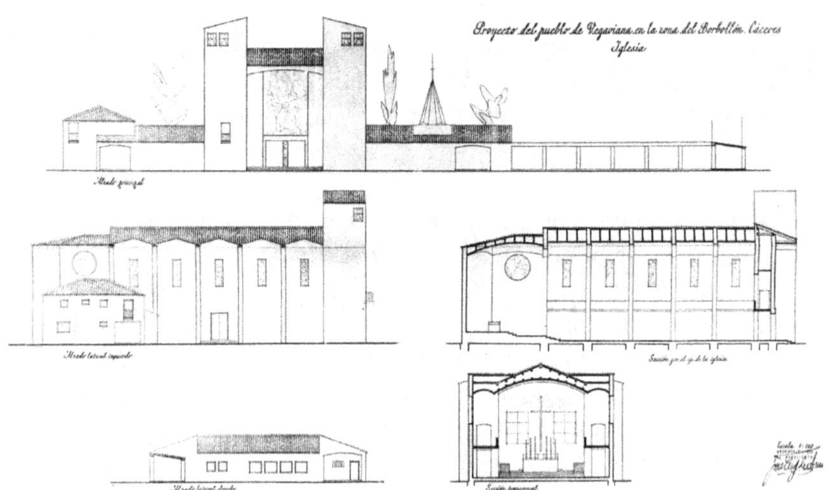

Vegaviana. Cáceres. 1954. Planos del proyecto de la iglesia. Fernández del Amo.

parte roturado para secano, y en parte previsto para riego mediante
las aguas remansadas en el vecino pantano del río Fresnedas.
Aislado y distante de los pueblos circundantes —ubicado en una
altiplanicie casi llana, con ligero declive en el contorno— se proyectó

la nueva población con todas las dotaciones comunes posibles:
iglesia con sacristía y dependencias parroquiales; dos escuelas
—masculina y femenina—, además de las correspondientes
viviendas para los maestros; artesanía, abacería y posada con bar;
edificio para la administración y consultorio médico; Casa de la
Hermandad Sindical con hogar, biblioteca, despachos y almacén
cooperativo. La original ordenación urbanística ideada por el
arquitecto respondía a la agrupación de las viviendas en manzanas
iguales, con forma elíptica truncada en sus extremos, y situadas
"al tresbolillo". En los vacíos públicos formados en los extremos
truncados de las manzanas, se proyectaron pequeñas estancias
públicas dotadas de vegetación. También se rodeó el *Poblado* de
arboledas mediante repoblación forestal.

Lo cierto es que la iglesia parroquial de Villalba de Calatrava
constituye —junto al *Poblado* de Vegaviana— una de las imágenes
arquetípicas de las operaciones del *Instituto Nacional de Colonización*
y, por añadidura, de la modernización de la arquitectura española
en los cincuenta. Realizada con muros de carga de mampostería
encalada interior y exteriormente, *«e incorporando a esta técnica
tradicional un elemento como el mosaico, también de antigua raíz en
la arquitectura religiosa».*[52] Se trata de la gran composición abstracta
que ocupa la simétrica fachada principal del templo, obra de Manuel
H. Mompó, partida en cuatro cuadrantes desiguales por una cruz de
estilizada hechura, pero de proporciones clásicas. En el interior lo más
destacado era el grupo escultórico del presbiterio debido a la mano
de Pablo Serrano y, sobre todo, el famoso *Vía crucis* —sucesión de
cruces negras y abstractas, conformando un *camino de cruces*— del
mismo autor, que en su estilizada factura "a línea" buscaba un cierto
contraste con la gravidez de los muros y su textura rugosa. Después
de valorar la calidad artística de las colaboraciones reseñadas en
general, y del *Vía crucis* en particular, hay que señalar que éste era
debido a una idea del propio arquitecto —como acertadamente
apuntaba la revista Hogar y Arquitectura en su reseña—, y como

---

52   Cfr. HOGAR Y ARQUITECTURA 32. Enero-febrero 1961. Iglesia parroquial en Villalba de Calatrava (Ciudad Real). Arquitecto, José Luis Fernández del Amo, p. 81.

pudimos comprobar personalmente al encontrar en su archivo los dibujos preparatorios de la obra, firmados por el mismo José Luis Fernández del Amo.[53]

En el terreno de la renovación tipológica espacial poco destacable resulta este proyecto, alineándose con otros ejemplos contemporáneos del autor como el de la iglesia parroquial del ya mencionado *Poblado* de Vegaviana (1954), situado en la zona regable del pantano del Borbollón, al norte de la provincia de Cáceres, casi en el límite con la de Salamanca. Fernández del Amo hizo un ejercicio de generosidad en lo que a superficies edificadas se refiere, como señalaba el correspondiente informe del *Instituto*. No obstante, el proyecto fue aprobado atendiendo a la urgencia existente en la ejecución de las obras. Al irresistible éxito de este *Poblado* contribuyeron por igual, los premios y distinciones recibidos,[54] como las extraordinarias fotos de Joaquín del Palacio —Kindel—,[55] que

---

[53]   En efecto, en el archivo del arquitecto, que hoy custodia su hijo Rafael, he encontrado varios bocetos que parecen apuntar el modo de trabajo de Fernández del Amo en relación con los artistas colaboradores en sus obras. El arquitecto hacía el planteamiento formal de la obra de arte —ya fuera un retablo, un mural exterior o un *Vía Crucis*—, y después era el artista elegido el encargado de materializarlo. Éste modo de trabajo refuerza, si cabe, el valor de la obra de José Luis Fernández del Amo.

[54]   Vegaviana fue objeto de una exposición en el Ateneo de Madrid —del 17 de marzo al 6 de abril de 1959—, y presentado por la Sección española en el V Congreso de la Unión Internacional de Arquitectos celebrado en Moscú en 1958, *«donde mereció elogios y fue mencionado en comunicaciones y ponencias de la Asamblea».* También recibió el Premio Anual de la Crítica a las Artes Plásticas-Medalla de Oro Eugenio D'Ors, y el Premio de *Planeamiento de Concentraciones Urbanas* en la VI Bienal de Arquitectura de Sao Paulo en 1961.

[55]   *«... volviendo a los heroicos cincuenta, fue por entonces cuando le pedí a Joaquín (del Palacio) —Kindel— que se viniese a ver los pueblos que estaba construyendo para los nuevos asentamientos de la Colonización por tierras de Extremadura, de Levante, de La Mancha y del Sur. Las fotografías que él hizo, sobre tableros rigurosamente modulados, fueron al Congreso de la Unión Internacional de Arquitectos que se celebraba en Moscú el año 1958 y me trajeron lauros que sin duda en parte a él debo. Fotografías suyas de la obra de mis pueblos fueron a la Bienal de Sao Paulo, a Burdeos y se propalaron por revistas y publicaciones especializadas. Yo aquí debo decir, y he declarado muchas veces, que al "objetivo", a la sensibilidad, a la visión de Joaquín del Palacio debo en gran parte mis éxitos y le estoy agradecido».*
Texto de José Luis Fernández del Amo para el catálogo de la exposición *Arquitectura Popular Española*, organizada por el I.C.I. Casa de Benalcázar, Quito. Septiembre 1980. Recogido en JOSÉ LUIS FERNÁNDEZ DEL AMO. Palabra y Obra. Escritos reunidos. Colección textos Dispersos. COAM. Madrid, 1995. p. 193.

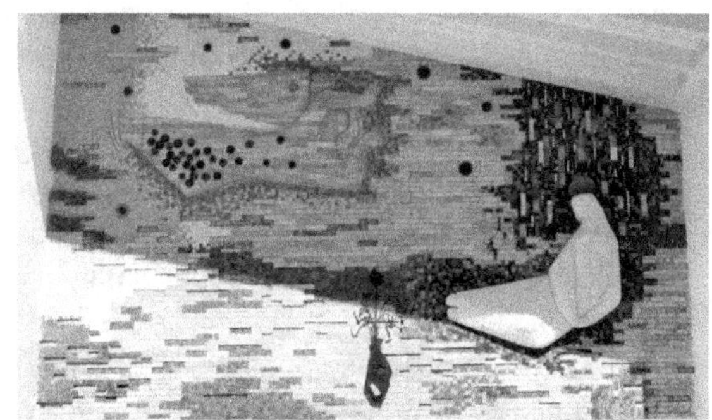

El Realengo. Alicante.
1957-1959.
Mural cerámico de Adrián
Carrillo y Manuel Baeza para
el acceso a la iglesia.

El Realengo. Alicante.
1957-1959.
Porche de entrada a la iglesia
con el baptisterio al fondo.

El Realengo. Alicante.
1957-1959.
Interior de la iglesia.

mostraban la excepcional arquitectura de Fernández del Amo y la
integración de sus pobladores. Como buen medidor de este factor
—la integración social de sus habitantes— y del difícil éxito en ese
sentido, del trabajo de Fernández del Amo, se puede apuntar la
invitación formulada por el Municipio de Vegaviana para pronunciar el
Pregón de las Fiestas locales el 12 de mayo de 1990, y que representa
una de las más bellas páginas —por todo lo que significa— de
la memorable epopeya de la *Colonización* del campo español.[56]
Significativamente, en esa ocasión, el arquitecto apuntaba: «*Aquí
están con nosotros Jaqueline Canivet, José Luis Sánchez, Antonio R.
Valdivieso y Antonio Suárez. A ellos debo y debéis el que la iglesia sea
una obra de arte*».

En efecto, como en Belvis, fue Antonio Valdivieso el autor de los
murales en la fachada de la iglesia, que representa la aparición de la
Virgen de Fátima. José Luis Sánchez ejecutó el Calvario con figuras
de cerámica en relieve sobre un fondo de mosaico vítreo con una
escultura exenta de Cristo sobre la cruz de hierro soportada por el
ángulo que forman los muros y las vidrieras que iluminan la nave de
la iglesia, mientras Antonio Suárez es el autor del Vía Crucis formado
por mosaicos de gres incrustados en los muros de cal.

Situado en la Zona regable de Saladares, el nuevo *Poblado* de
El Realengo pertenece al término municipal de Crevillente y es
vecino —se encuentra a un «*módulo carro*», equivalente a cinco
kilómetros— del *Poblado* de San Isidro de Albatera, en la provincia de
Alicante. Se trata de un ejemplo de pequeña agrupación de viviendas
—20 viviendas para colonos, 10 más para obreros y 45 viviendas
diseminadas que responden al criterio de evitar desplazamientos a los
colonos desde sus viviendas a los campos de labranza— proyectada
a principios de 1957 —en primera fase— y en 1959, su ampliación
—que comprende 31 viviendas de colonos, y 10 más de obreros—.
Urbanísticamente se trata de uno de los proyectos de mayor rigidez
en la obra de Fernández del Amo, con una trama reticular-ortogonal

---

[56]   Cfr. JOSÉ LUIS FERNÁNDEZ DEL AMO. Palabra y Obra. Escritos reunidos. Colección textos
Dispersos. COAM. Madrid, 1995. pp. 109-112.

Cañada de Agra. Albacete. 1962-1965.
Vista aérea.

Cañada de Agra. Albacete. 1962-1965.
Torre-campanario de la iglesia.

que sitúa a los edificios públicos —ayuntamiento, iglesia, escuelas,
etcétera— en el centro del conjunto.

El centro parroquial —un extraordinario ejemplo de la capacidad
formalizadora de su autor— se ordena alrededor de un patio cuadrado
de 20 metros de lado, abierto hacia la plaza principal a través de
un pequeño porche —recurso frecuente en estos conjuntos de
Colonización—. El templo propiamente dicho, de planta rectangular
cierra el conjunto por su flanco sur. Marcadamente asimétrico, la
cubierta que cubre la nave se plantea *a un agua,* lo que subraya
ese carácter, junto con la torre —de influencia entre holandesa y
nórdica—, y el baptisterio —que rematado con un esbelto pináculo
piramidal de base estrellada— flanquean la fachada principal. Sobre
el acceso, protegido por un porche se proyectó un mural de cerámico,
obra de Adrián Carrillo y Manuel Baeza, según un boceto del propio
arquitecto. Completan las aportaciones artísticas al conjunto las
vidrieras de hormigón de Antonio Valdivieso —situadas en el lateral
de la nave opuesto a la galería—, y un retablo en forma de cruz
realizado por los Talleres de Arte Granda con una talla de la Virgen y
una ligera carpintería metálica que sirve para recoger el crecimiento
de las plantas en una jardinera inferior.

Hay que señalar que frente a la *vanguardista* imagen —en gran medida
protagonizada por la mencionada torre-campanario—, la planta es

uno de los ejemplos más sencillos ensayados por el arquitecto, si
bien esta sencillez es el resultado de un ejercicio de contención, y de
sabia administración de su experiencia en este terreno. El espacio,
de planta rectangular-direccional, resulta también asimétrico,
permitiendo una circulación perimetral bajo la galería antes descrita.
Es éste uno de los *Poblados* —junto al de la Vereda, en Córdoba— más
deteriorados de los construidos por José Luis Fernández del Amo,
habiendo afectado la ruina al porche del patio del centro parroquial y
a la visera de protección del mural cerámico sobre el acceso.

El conjunto de Cañada de Agra se encuentra en la Zona regable de
Hellín, cerca de la carretera de Albacete a Murcia, casi en el límite de
la provincia. El *Poblado* es tangente a esta vía de circulación y ocupa un
solar sensiblemente rectangular. La nota característica más destacada
de este *Poblado* es su marcado desnivel que llega hasta los quince
metros en la dirección este-oeste. Proyectado en 1962 y construido
entre 1964 y 1965, se encuentra constituido por 80 viviendas de colonos
—con sus respectivas dependencias agrícolas— 24 viviendas de
obreros y una completa dotación de edificios públicos. Siguiendo
un criterio originalmente concebido por su autor para el malogrado
anteproyecto del *Poblado* de Torres de Salinas, el trazado urbanístico
de Cañada de Agra plantea la separación de tráfico rodado y peatonal.
El propio Fernández del Amo explicaba —en lo que constituye toda
una lección del planeamiento de pequeños núcleos rurales— el
planteamiento de este *Poblado* en la memoria del proyecto:

> *«El pueblo estará rodeado por una vía de circunvalación que com-*
> *prende parte de la carretera que une los tres nuevos pueblos —se*
> *refiere a Nava de Campana, Mingogil y el propio Cañada de Agra— y*
> *domina la cota más alta, relacionando los corrales de los colonos*
> *con las parcelas de cultivo mediante calles que se han proyectado*
> *en fondo de saco, a fin de que sea mantenida cada una en su cota y*
> *defender de circulación rodada una zona central destinada al Centro*
> *Cívico que tiene acceso directo por la carretera antes mencionada.*
> *Este núcleo se sitúa en la parte central del pueblo que ofrece menores*
> *desniveles y se organiza en torno a una plaza porticada en la que se*
> *sitúa el Ayuntamiento con vivienda del funcionario, la vivienda del*

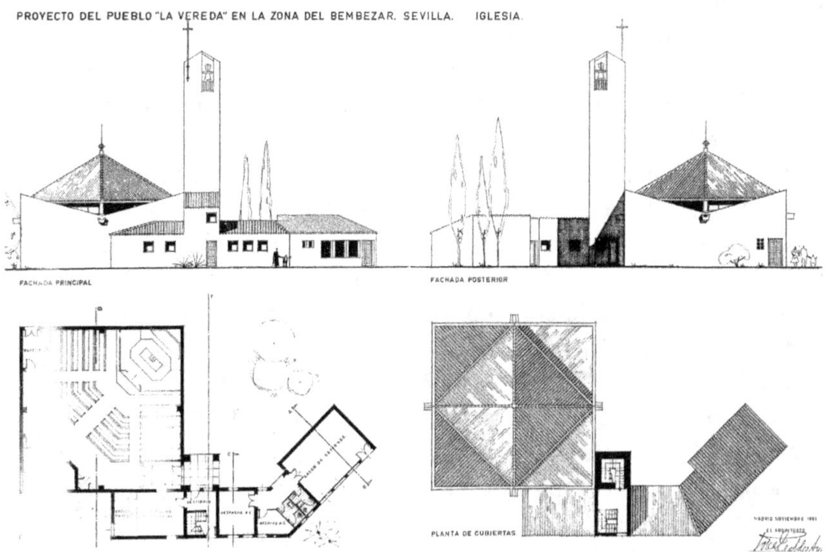

La Vereda. Córdoba. 1963.
Planos del proyecto de iglesia.

médico y clínica, el edifico social con el bar, la vivienda del encargado
y las cuatro artesanías. A un costado de este núcleo se sitúan los Ho-
gares Rurales y la Hermandad Sindical. En esta misma zona central
y en su parte más elevada, se sitúan las Escuelas a distintos niveles
y las viviendas para maestros, en torno de las cuales, se procuran
agrupaciones arboladas —inexistentes originalmente, dado el carácter
semidesértico de la zona—. En un lugar más recogido y ocupando
una posición dominante, se ha proyectado el conjunto parroquial que
comprende la iglesia, casa rectoral y locales de Acción Católica».[57]

Como en el *Poblado* anterior, la esbelta torre-campanario de la
iglesia protagoniza la escena urbana, y más en este caso en el que
la situación topográfica del conjunto parroquial resulta dominante.

---

[57]   De la memoria del proyecto. Conservado en el *Archivo Técnico* del Instituto, con número de
expediente INC 11.693/1962. La ampliación del *Poblado* —también de Fernández del Amo— responde
al expediente INC 14.151/1965.

Excepcionalmente, este conjunto religioso se encuentra relativamente distante del resto del Centro Cívico, lo que le concede un cierto protagonismo. La planta —integrada por el templo propiamente dicho, el edifico de la Acción Católica y la vivienda cural— resulta sensiblemente irregular, como consecuencia del giro impuesto a la nave de la iglesia. La planta del templo evoca formalmente la solución estudiada por su arquitecto para la capilla del Seminario Hispanoamericano de la Ciudad Universitaria de Madrid, aunque aquí se fuerza todavía más el "gesto convergente" y de iluminación natural del presbiterio con una forma trapezoidal. Un cuerpo más bajo —de dos plantas— acompaña lateralmente esta planta, conteniendo el acceso, el baptisterio, la zona de confesionarios y la capilla del Santísimo. Constructivamente, el templo se resolvía mediante grandes lienzos de ladrillo visto, y estructura de cubierta metálica oculta por un falso techo de corcho.

En cuanto a las contribuciones artísticas que caracterizaron la obra de Fernández del Amo, destacan la vidriera de hormigón que ilumina el presbiterio, obra de Antonio Hernández Carpe. El mismo artista es el responsable de las cristaleras laterales de la nave principal y de los murales cerámicos del fondo del baptisterio y del porche. El altar, de cerámica vidriada, es obra de Arcadio Blasco, y una imagen de San José y un relieve del Bautismo son atribuidos a los Talleres de Arte Granda, de Madrid. En el exterior de la iglesia hay una escultura de San Isidro, realizada en piedra, y atribuida al escultor Antonio Failde.

Situado en la Zona regable del Pantano de Bembézar, el *Poblado de La Vereda* se encuentra en la provincia de Córdoba, lindando con la de Sevilla. El proyecto —redactado a finales de 1963— ocupa la relativamente escasa extensión de 3,9 hectáreas de terreno, suficiente para ubicar las 17 viviendas de colonos con sus respectivas dependencias agrícolas y un escueto, aunque completo, programa dotacional público, que incluye el edificio del ayuntamiento, escuelas, taller y garajes, almacén granero, centro parroquial y comercios. Como explicaba el arquitecto en la correspondiente memoria, el conjunto se concibió partiendo «*del concepto tradicional de una gran cortijada*», dado el escaso número de viviendas que lo componían,

y evitando así el habitual sistema de plazas y calles. El conjunto se
articula así en torno a dos grandes patios o plazas, uno rodeado por
las viviendas, y el segundo —en proyecto, completamente porticado—
cerrado con los edificios públicos —incluida la iglesia—, quedando
como separación de ambos espacios el edificio de la Administración.
El templo y las dependencias parroquiales se encuentran unidas
por un pequeño porche sobre el que se levanta la torre. Fernández
del Amo empleó por primera vez la planta cuadrada, siendo uno de
los precursores de su empleo en nuestro país. Además, insistiendo
en el carácter experimental del proyecto, el arquitecto planteó
un aprovechamiento "diagonal", es decir, situando el presbiterio
y el acceso en sendos vértices de la planta. El espacio resulta
relativamente reducido —el cuadrado tiene sólo 15 metros de lado—
y la disposición de la cubierta —una pirámide de planta cuadrada,
cuyos vértices en planta se sitúan en los puntos medios de los
lados de la planta de la iglesia—, sirve para iluminar cenitalmente el
espacio de la nave.

En una solución de gran originalidad, Fernández del Amo planteó el
presbiterio —como ya se ha señalado— en un vértice de la planta,
y en el opuesto la sacristía y la capilla para la reserva eucarística.
En la diagonal opuesta se sitúan los accesos, el principal desde el
porche de la torre y otro secundario a través del baptisterio que se
comunica con el porche de la plaza. En lo formal, el mismo esfuerzo
experimental estudiado en la iglesia, fue aplicado en las Escuelas,
donde el aula de planta rectangular habitual —de seis por nueve
metros— fue sustituida por un espacio de planta pentagonal cuya
fachada acristalada se orientaba hacia el suroeste. Lamentablemente
las tierras que rodeaban a este pequeño *Poblado* no prosperaron
según los planes del Instituto, llegando prácticamente al abandono
de la población y a la ruina de varios de sus edificios, entre los que
destaca especialmente el templo descrito, cuya cubierta se desplomó
en 1992, utilizándose en la actualidad los restos de los muros
exteriores como gallinero.

Formado por 60 viviendas de colonos —con sus correspondientes
dependencias agrícolas—, el *Poblado* de Miraelrío (1964) se localiza en

Entrerríos. Badajoz. 1955. Exterior de la iglesia. Alejandro de la Sota.

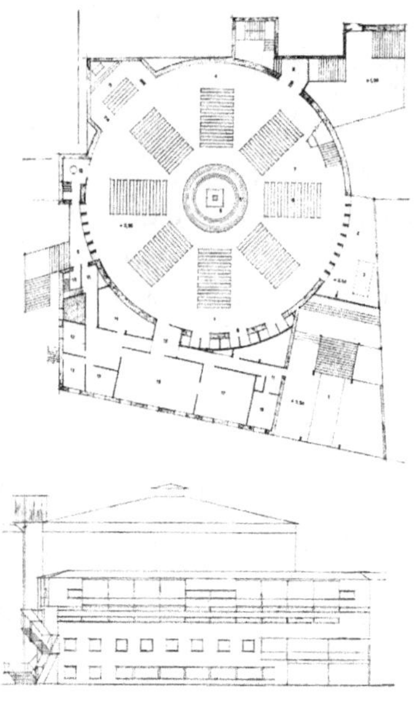

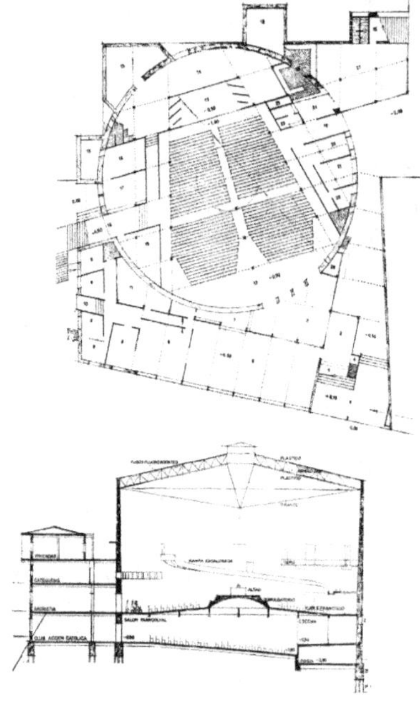

Planos para el concurso de la iglesia parroquial de
San Esteban Protomártir. Cuenca. 1960. Propuesta
de Alejandro de la Sota.

la Finca del mismo nombre, en el término municipal de Vilches, al norte de la provincia de Jaén. El trazado general presenta una formalización sensiblemente circular para las viviendas, mientras los edificios públicos forman un conjunto lineal sobre un porche —de más de 150 metros de longitud— a modo de eje, orientado este-oeste y situado en el interior del perímetro definido por las mencionadas viviendas.

La iglesia y las dependencias parroquiales se encuentran formalmente unificadas por un gran faldón de teja cerámica dispuesto paralelamente al eje antes descrito, con lo que el conjunto parroquial ofrece una imagen y una escala de gran amabilidad, siguiendo un criterio habitual en el arquitecto, y no así en el Instituto, que gustaba de utilizar una fuerte imagen de la parroquia como "hito" y centro visual de los *Poblados*. No obstante, la antigüedad, el prestigio y los éxitos cosechados para el Instituto por Fernández del Amo le permitieron imponer su criterio en este proyecto. También en lo litúrgico, la planta del templo resulta sorprendentemente vanguardista. Se trata de un espacio de planta rectangular —hasta aquí nada destacable—, pero donde el presbiterio se sitúa en el centro geométrico de la planta, indudablemente buscando la tan deseada —por los contemporáneos padres conciliares— participación de los fieles en las ceremonias litúrgicas. Cuatro pilares de hormigón ayudaban a definir una cierta gradación espacial, desde los accesos y la zona de confesionarios hacia el presbiterio. Lo cierto es que esta disposición, puede que excesivamente adelantada a su tiempo y a este contexto, fue sustituida por una mucho más convencional, desplazando el presbiterio hacia el muro opuesto a los accesos. En un volumen lateral más bajo se adosan la capilla del Santísimo, la sacristía y el baptisterio, cuya cubierta asoma sobre el gran faldón del conjunto iluminándose con un importante óculo-vidriera que revela —junto a la retrasada torre-campanario— el uso religioso del edificio.

Para terminar, en esta aproximación no es posible pasar por alto la aportación que desde *Colonización* se hizo a la modernización de la arquitectura española durante los difíciles años posteriores a la guerra civil de 1936. Casi siempre, esas aportaciones fueron ligadas al carácter, a los intereses y a la evolución de sus autores. Quiere esto decir que independientemente de la cantidad de encargos recibidos, hubo arquitectos destacados por su compromiso con la modernidad y otros evidentemente no. También, como resulta lógico y previsible, la originalidad de las soluciones desarrolladas para el Instituto resultó análoga a la observada por sus autores para otros clientes. Si acaso, en *Colonización* se hicieron ensayos que posteriormente cuajarían en obras más conocidas para otros clientes.[58]

En la década de los sesenta, la incorporación de un núcleo de brillantes y jóvenes arquitectos a los trabajos de *Colonización* trajo consigo una cierta renovación de los modelos empleados y la puesta a prueba de los técnicos encargados de juzgar. Se trata de la generación de los Antonio Fernández Alba, Fernando Terán o Jesús Alberto Cagigal, entre otros, cuyas propuestas también significaron una neta renovación de las tipologías sacras, en el Instituto y en el panorama general.

En esta nueva generación, el autor más significado —también por su obra fuera de *Colonización*— fue Antonio Fernández Alba, quién debe no poco de su desarrollo personal y profesional al magisterio de José Luis Fernández del Amo, arquitecto cuya trascendencia en el Instituto ya ha sido subrayada. Una prueba más de aquello son los encargos de algunos *poblados* para el Instituto Nacional de Colonización recibidos por el joven Fernández Alba. Éstos tuvieron lugar mediada la década de los sesenta: El Priorato (Córdoba, 1964), Santa Rosalía (Málaga, 1965) y Doñana (Málaga, 1965). Lo cierto es que en el terreno del diseño de los espacios sacros —las parroquias— las elaboradas ideas de Fernández Alba pronto contrastaron con la mecánica del Instituto y de su Servicio de Arquitectura. Así, ninguno de sus proyectos de parroquia

---

[58]   En este sentido resulta paradigmático el caso de Alejandro de la Sota —otro de los habituales en *Colonización*—, quien produjo los primeros proyectos de su vida profesional para el Instituto. Así, por ejemplo, en el *poblado* de la Bazana (Badajoz, 1954), existe un primer ensayo de la hoy tristemente desaparecida Casa Arvesú en la madrileña calle del Doctor Arce. Y otro tanto sucede con su tipología religiosa: así, la iglesia parroquial de Valuengo (Badajoz, 1954) es un precedente de la propuesta de Sota para la experiencia de Vitoria; o el modelo de planta circular de Entrerríos (Sevilla, 1955), lo es de la propuesta para el concurso de la parroquia de San Esteban Protomártir de Cuenca. Al hilo de estos ejemplos cabe aventurar que el espacio religioso en Sota, evolucionó hacia un cierto idealismo: la preferencia por el espacio central sobre el procesional-longitudinal; algo así como la vertiente en clave del movimiento moderno de las propuestas —prácticamente contemporáneas— de Luis Moya Blanco.

fueron aceptados *a la primera*. En estas *fricciones*, junto a la fase de regresión en la que había entrado la experiencia de los *poblados* — particularmente a partir de los informes negativos sobre su actividad, emitidos por el Banco Mundial en 1962— debe rastrearse la relativa brevedad de la colaboración de Fernández Alba con *Colonización*.

En definitiva, y a modo de resumen podría sintetizarse el valor del género sacro en Colonización —además de en la cantidad de proyectos ejecutados— en la relativa apertura a nuevas soluciones lo que preparó el camino para la renovación que había de producirse al hilo del Concilio Vaticano II.

Con carácter general, los Servicios de Arquitectura –con un criterio más tradicional que *modernizante*-- supieron encontrar el punto de realismo necesario para realizar su cometido con acierto: construir asentamientos destinados a una población de carácter netamente rural, pero dando entrada a nuevos modelos figurativos ligados a los lenguajes de la modernidad. Esa población se mostró mayoritariamente agradecida y aún orgullosa de sus *poblados*,[59] lo que avalaría —con carácter general— los criterios empleados.

Pero además, dentro de ese modo de proceder, había que atender a los anhelos de singularidad, entendida como equivalente de humanización de los *poblados*. Ello condujo a la introducción de soluciones que se encontraban en el filo de la navaja entre el regionalismo pretendido y una cierta abstracción de cuño modernizante. La intervención de un nutrido número de arquitectos en la proyectación de los *poblados* también influyó en un enriquecimiento mutuo considerable y, por extensión y dada la magnitud de sus quehaceres, puede hablarse del papel protagonista jugado por el Instituto en la formación y desarrollo de la modernidad arquitectónica en nuestro país.

---

[59] Prueba de ello podría ser la invitación a pronunciar el Pregón de las fiestas locales de Vegaviana en 1990, a los 36 años de su construcción. El tenor del discurso sugiere la complacencia de arquitecto y moradores, en la línea apuntada en el texto. Cfr. JOSÉ LUIS FERNÁNDEZ DEL AMO. Palabra y Obra. Escritos reunidos. Colección textos Dispersos. COAM. Madrid, 1995. pp. 109-112.

JULIO CANO LASSO

1914-1995

Cerro de los Angeles.
10. Vista tomada desde el cerro
que domina las barrancas.
1 Abril 1980.

Cano Lasso fue un profesional caracterizado por una enorme sensibilidad; sensibilidad por la ciudad, por la arquitectura, por el dibujo y hasta
por la naturaleza. En cierta forma es un adelantado a su tiempo pues su
trabajo trata de encontrar un acuerdo entre el hambre de modernidad de
su generación y la valoración de la herencia patrimonial, cultural y natural
recibida, con unos criterios más propios de nuestros días que de la España
desarrollista de los sesenta o setenta.

El texto que aquí se le dedica es una explicación a la comunidad académica de un Congreso Internacional organizado por la Universidad de Floren-
cia en la ciudad de Sant Gimignano de las ensoñaciones del arquitecto,
fantástico dibujante auxiliado por su hijo y no menos virtuoso dibujante
Diego, sobre las ciudades históricas, en este caso Madrid.

Este trabajo, relativamente poco conocido, se articula en una secuencia de
dibujos —plantas, secciones, alzados y vistas— que hablan de la ciudad
que pudo haber sido y de la necesaria sensibilidad para intervenir en los
cascos históricos, entendidos como paisajes, en decir, como construcción
cultural del hombre sobre el territorio, lo que reclama una geografía pero
también una intención.

Publicado anteriormente en las Actas del Congreso Internacional IL DISEGNO DELLA CITTÁ. OPERA
APERTA NELL TEMPO. ARCHITTETURA E DISEGNO. S. Gimignano, 28-30 de junio de 2002.
Universitá degli Studi di Firenze. Dipartimento di Progettazione dell´Architettura. Firenze, 2002, pp.
1083-1090.

Entre el realismo y la utopía:
El Madrid de Julio Cano Lasso (2002)

Dos referencias bibliográficas, tomadas si se quiere *al vuelo*, pueden servir para encuadrar la figura de Julio Cano Lasso (Madrid, 1920–id. 1996; Título, 1949), en el complejo panorama de la cultura arquitectónica española de la segunda mitad del siglo XX.

De una parte, el brillante prólogo de Ignacio Vicens, discípulo aventajado de los mejores profesionales de este período, como Javier Carvajal, Francisco Javier Sáenz de Oíza y por supuesto el propio Cano Lasso, a la primera monografía dedicada a este arquitecto,[60] acertaría a centrar la postura de este profesional en aquel, si se quiere proceloso contexto, con una profundidad que supera las aspiraciones de este texto. Pero quedémonos con un diagnóstico que en esencia describe a la perfección la postura personal y profesional del maestro madrileño:

> *«Las páginas que siguen van a mostrarnos la obra de un hombre dedicado a la arquitectura en la que cree, con sus aciertos, sus dudas y sus errores. Un hombre insensible a las modas pero permeable a las ideas, convencido pero no dogmático, callado pero no mudo. Un arquitecto que ha hecho suyo el aforismo de Loos: El que tenga algo que decir, que dé un paso al frente... y calle».*[61]

Por otra parte, en una de sus acertadas y características presentaciones de los protagonistas de aquel panorama, el historiador de la arquitectura Ángel Urrutia señala como Cano Lasso *«se reconoce (...) realista, pero sin excluir la utopía que le permite ilusión y seguir viviendo».*[62]

Sirvan estos dos apuntes para explicar de qué manera Julio Cano Lasso, dibujante empedernido, editor autodidacta, regala al debate

---

60   Cfr. Realismo y silencio en Julio Cano Lasso, Ignacio Vicens y Hualde, en JAVIER CLIMENT (Ed.) Julio Cano Lasso, arquitecto. Xarait Ediciones, Madrid 1980.

61   *Op. cit.* p. 10.

62   Cfr. ÁNGEL URRUTIA. Arquitectura española siglo XX. Manuales de Arte Cátedra. Madrid, 1997. p. 471.

sobre la ciudad un discurso a su medida. Frente al debate tal vez más culto pero puede que también más estéril —vistos los resultados mayoritariamente cosechados— de la ciudad contemporánea, Cano atiende a los condicionantes topográficos, ambientales, históricos, que se presentan en su propia obra construida como valores por encima de una ortodoxia planteada en términos de fidelidad a presupuestos ideológicos apriorísticos. En sus libros de dibujos y apuntes, realizados casi todos con ocasión de proyectos para esos lugares, analiza pacientemente Madrid, Cuenca, Toledo, Salamanca y otras ciudades, en busca de caracteres propios, del verdadero *«genius loci», de la identidad* del lugar.[63] *«Una obra de arquitectura»* dirá en uno de ellos, *«nunca está aislada, aunque estuviera en pleno desierto. Su relación con el entorno es fundamental siempre».*

Cano Lasso propone en efecto una aproximación a la ciudad histórica superadora de las limitaciones dictadas por la sociología, la economía, la política del suelo, el tráfico y el transporte público, las dotaciones o los servicios; todos ellos *«son aspectos importantes de la complejidad urbana y técnicas instrumentales, pero todos sabemos que la ciudad es más que eso. Como todo lo que concierne directamente al hombre y es su hechura y reflejo, en la ciudad existen importantísimos aspectos no cuantificables que escapan a toda reducción científica, y la experiencia de los últimos decenios viene demostrando la incapacidad de la* ciencia urbana *para dar una respuesta total a los problemas, y esta constatación adquiere un matiz y agudeza especial cuando se refiere a las ciudades históricas».*[64]

Así las cosas, la visión de Cano Lasso del fenómeno de la ciudad adquiere un paralelismo con su propia obra como arquitecto lo que refuerza su aparentemente humilde discurso, en la medida en que sus trabajos de arquitectura han merecido un aplauso prácticamente unánime al margen de tendencias y proximidades.

---

[63] *«La estructura de un lugar, o sea, la dimensión donde tiene lugar la vida, es el genius loci»*; a este sentido, directo y esencial, dado por Christian Norberg-Schulz, a propósito de Louis Kahn es al que nos referimos. Cfr. El pensamiento de Louis Kahn, Christian Norberg-Schulz, en LOUIS KAHN, Idea e imagen. Xarait Ediciones, Madrid 1981. p. 23.

[64] Cfr. JULIO CANO LASSO. La ciudad y su paisaje. Edición del autor, Madrid 1985. p. 7.

Cano Lasso entiende la ciudad como una creación artística total,
como creación *Summa* de arte; decantación de las sucesivas
generaciones desde sus posibilidades culturales, técnicas y
humanas, y encuentro con unos condicionantes físicos, topográficos,
ambientales e históricos.

Para la presentación de esta comunicación he escogido algunos
dibujos del arquitecto sobre la ciudad de Madrid. Por razones de
procedencia, Julio Cano Lasso es un arquitecto madrileño -diríamos
por los cuatro costados-; nacido, formado e instalado personal y
profesionalmente en Madrid, ha sido esta ciudad el objeto de sus
reflexiones sin duda como ninguna otra. Y dentro de esas reflexiones
traigo hoy a estas páginas un proyecto especialmente querido
por el arquitecto: la Utopía de Madrid. Se trata de un ejercicio de
investigación histórica y a la vez de contraste con la realidad pero
basado en unas condiciones dadas en la llamada cornisa oeste
de Madrid, estudiadas hasta la extenuación por el arquitecto en
sus dimensiones físicas e históricas. Su propuesta de esta *Utopía*
cabe ser entendida como un bello lamento poético sobre las cosas
perdidas; lo que pudo haber sido y finalmente no fue.

Pero dejemos la palabra, o mejor, la pluma, el lápiz y el estilógrafo a
Julio Cano Lasso[65] para la explicación de su *Utopía de Madrid*.

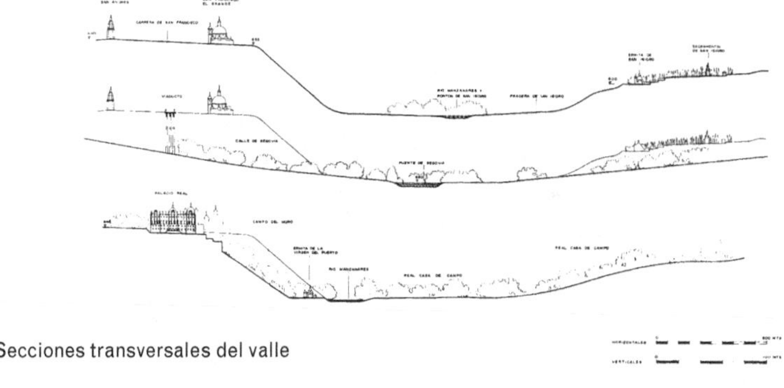

Secciones transversales del valle

---

[65] Los dibujos finales de la Utopía fueron delineados por Diego Cano Pintos (Madrid, 1954, Título,
1978), hijo primogénito de Julio Cano Lasso, también arquitecto, colaborador y heredero de su oficina
profesional junto a otros de sus hermanos.

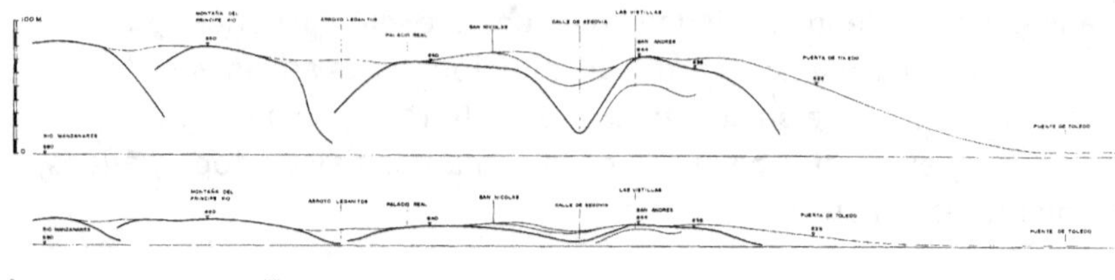

Topografía del margen izquierdo del río Manzanares.

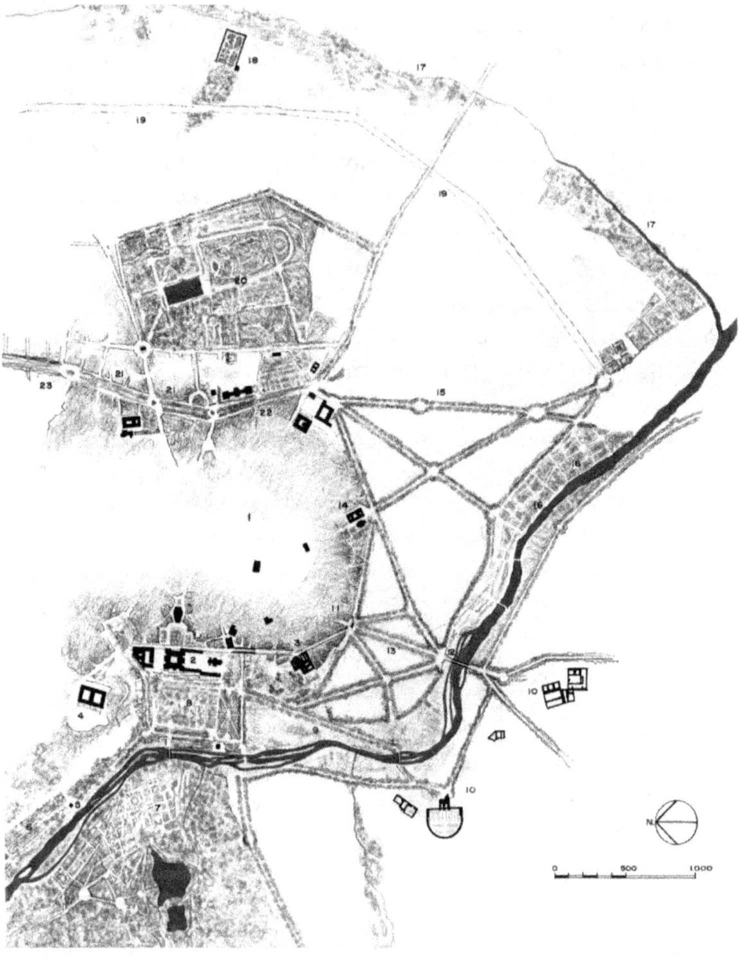

Madrid hacia 1880.

Vista de la zona de San
Francisco desde San Isidro a
finales del siglo pasado.

Una visión ampliada, desde la zona del
Palacio Real a la zona de San Francisco.

La ciudad ennoblecida por el arte.

Elementos históricos destacados del *Paisaje de la Utopía.*

Fachada de la Utopía 1.

Fachada de la Utopía 2.

0 10 20 30 40 50 60 70 80 90 100 110 120 130 140 150 160 170 180 190 200 MTS.

Fachada de la utopía 2.
(Delineación a tinta y sombreado a lápiz)

Madrid. Vista frontal comprendida entre el Puente de
Segovia y el Pontón de San Isidro.

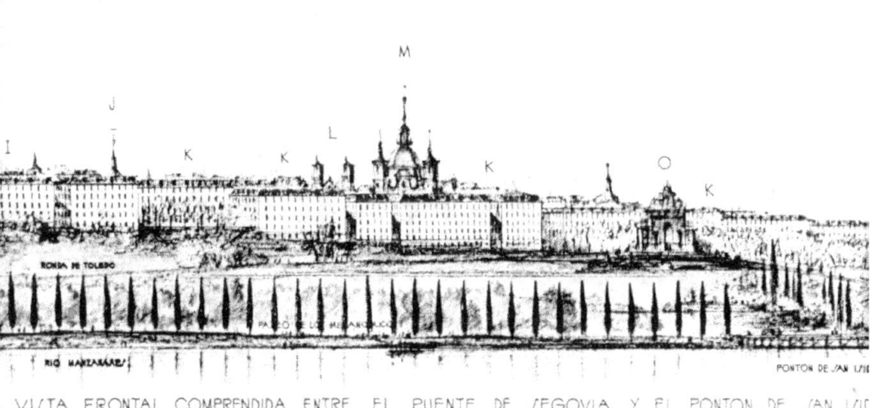

VI/TA FRONTAL COMPRENDIDA ENTRE EL PUENTE DE /EGOVIA Y EL PONTON DE /AN I/ID

...FICA
...ECTADO /OBRE UN PLANO TODO/ LO/ EDIFICIO/, /ITUADO/ EN /U EXACTA PO/ICION TOPOGRAFICA

...RNO CIVIL. D /EMINARIO. E IGLE/IA DE /AN ANDRE/. F CAPILLA DE LA ORDEN TERCERA. G /AN FRANCI/CO EL GRANDE. H IGLE/IA DE /AN I/ID
...EN LA GRAN VIA DE /AN FRANCI/CO. L IGLE/IA DE LA VIRGEN DE LA PALOMA. M IGLE/IA DE /AN CAYETANO. N CAMPILLO DEL NUEVO MUNDO

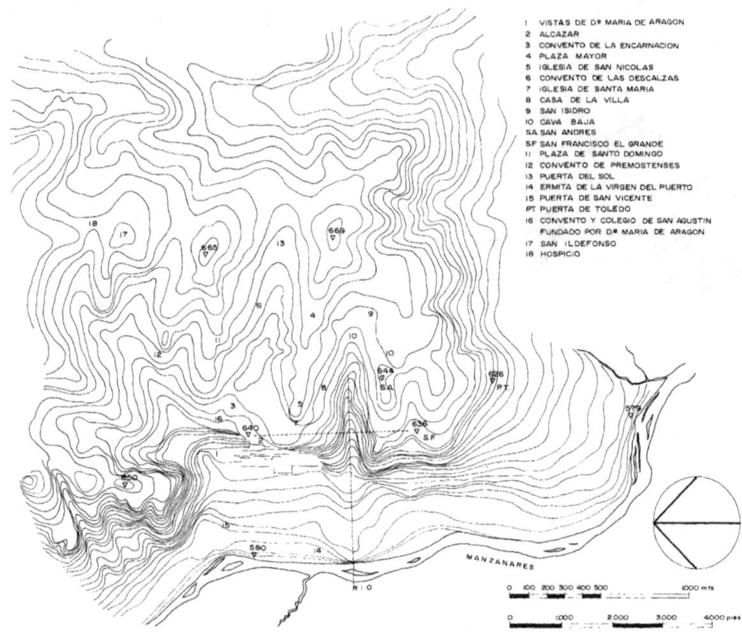

Plano topográfico.

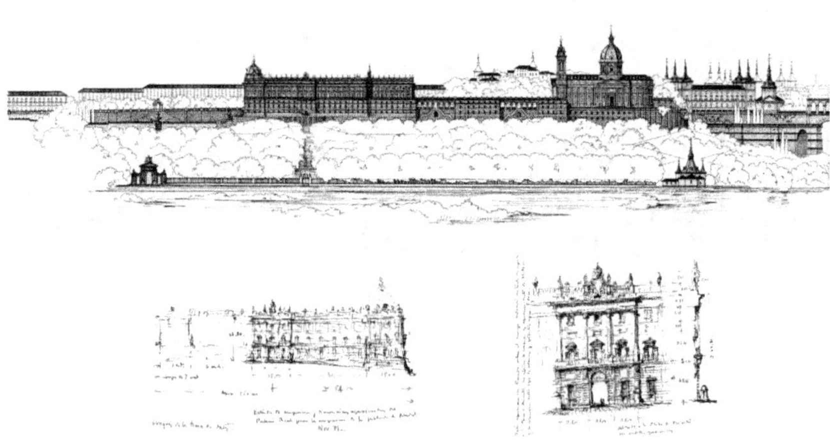

Fachada de la Utopía 1.
(Delineación a tinta y sombreado a lápiz)

La realidad. El valle y las laderas se han llenado
de edificación. La fachada apenas es visible.

Vista real de la fachada de Madrid
enfilando la calle Segovia y suprimiendo
los primeros términos.

Madrid en tiempos de Goya, vista desde la
Pradera de San Isidro.

Vista de San Francisco desde el Pretil de los
Consejos, con el viaducto en primer término.

El Madrid de la Utopía visto
desde donde lo pintó Goya.

El Madrid musulmán del *primer recinto*.

El Madrid de Alfonso VI.

El Madrid de Felipe II.

El Madrid de Goya.

El Madrid de principios del siglo XX.

CÉSAR ORTIZ-ECHAGÜE

1927

BANCO
POPULAR
ESPAÑOL
BANCO
EXTERIOR
DE
ESPAÑA

César Ortiz-Echagüe es uno de los personajes más enigmáticos del panorama arquitectónico español de la segunda mitad del siglo XX. Formado en la tradición cultural del Colegio Alemán, su capacidad para abstraerse de la práctica arquitectónica española de su tiempo generó una de las obras más renovadoras del momento, inspirada lo que más tarde se llamaría la arquitectura miesiana.

El Premio Reynolds, conseguido en 1957 junto a Manuel Barbero y Rafael de la Joya, por sus comedores para los trabajadores de la SEAT en Barcelona, fue un espaldarazo para la arquitectura española de los cincuenta, y la consiguiente visita a los Estados Unidos para recogerlo les permitió conocer de primera mano e importar aquella manera de entender la arquitectura: una manera adelantada a su tiempo y, sobre todo, a las condiciones de la industria de la construcción en España.

El entendimiento de la poética de la construcción como motor del proyecto –y no de la mera construcción, como en el caso de Cabrero– en los proyectos desarrollados junto a Rafael Echaide, resultó un paso adelante en la evolución de la arquitectura española. La desaparición de esta pareja del panorama profesional legó un puñado de obras desarrolladas en apenas una década de fulgurante trabajo y la duda sobre cuál hubiera sido su respuesta con el paso del tiempo.

Publicado anteriormente en las Actas del Congreso Internacional DE ROMA A NUEVA YORK: ITINE-RARIOS DE LA NUEVA ARQUITECTURA ESPAÑOLA 1950-1965. Pamplona, 29-30 de octubre de 1998. Universidad de Navarra. Pamplona, 1998, pp. 181-190.

César Ortiz-Echagüe:
el olvidado Van der Rohe español[66] (1988)

«Hace falta comprender que toda arquitectura está ligada a su época y que no puede manifestarse más que por obras llenas de vida y con los medios de su época.
Nunca ha ocurrido de otra forma.
No tiene sentido ensayar la utilización de formas del pasado en nuestra arquitectura»

Mies van der Rohe

En los primeros meses de 1998 asistimos a la aparición de una obra de Gregorio Morán que describía con afilada pluma el panorama cultural de la España de posguerra y cuyo título funcionaba igualmente como resumen: *El Maestro en el erial: Ortega y Gasset y la cultura del Franquismo.*

En efecto, y ciñéndonos al campo de la arquitectura en un rápido repaso del período que nos ocupa, tendrían que transcurrir más de diez años, para que comenzase el arduo peregrinar de esta parcela de la cultura española hacia el horizonte común de la modernidad.

En la década de los cuarenta actuaba una generación de arquitectos, la titulada antes del conflicto, sospechosa y estigmatizada, al menos en parte por su colaboración con la República; insegura de sus propios principios, tachados de apátridas y antiespañoles por el régimen emergente.

El breve período de coherencia con las vanguardias europeas de la arquitectura española de los treinta quiso borrarse de las memorias en un ejercicio cuasi-orweliano.[67] Para ello nada mejor que el empleo de sus protagonistas en la controlada tarea de la reconstrucción. Imperio o exilio: exilio interior o exilio exterior.

---

[66] El 16 de febrero de 1996, el diario «El Mundo» publicó un artículo con motivo del fallecimiento de Alejandro de la Sota titulado Muere el Van der Rohe español. Sin desmerecer en nada la fecundísima obra del arquitecto gallego intentaré mostrar en este artículo la pertinencia de ese calificativo para César Ortiz-Echagüe.

[67] Miguel Ángel Baldellou habla del sistemático olvido de la arquitectura del GATEPAC debido a sus connotaciones. Para el nuevo régimen sería algo así como *el arte degenerado familiar*.

Por contra, a la generación de titulados de posguerra le fueron
hurtados los principios de la modernidad y suplantados por otros que
hablaban de resistencia, de patria y de historia. La lógica inmadurez
en los primeros años de ejercicio de esta generación produjo una
aceptación relativamente acrítica de tales principios.

La inseguridad del momento, junto a las reales necesidades de
reconstrucción y el aislamiento exterior, condujeron a la cristalización
de una arquitectura entre casticista-alicorta e historicista-pastiche, por
más que se evocase a Herrera o Villanueva como abuelos de la criatura.

La victoria de los Aliados en la Guerra Mundial introdujo una tendencia
de moderado aperturismo, más en el estilo que en la política real de
la dictadura. La presencia en el Ministerio de Educación Nacional de
Joaquín Ruiz Giménez dio un sentido político a la trayectoria cultural
que representaban intelectuales como Laín Entralgo o Tovar.[68]

Junto a esta evidencia se iba fortaleciendo la reanimación del
clima cultural en España. En el panorama arquitectónico también
es observable un notable enriquecimiento debido a la ruptura del
aislamiento del exterior a través de los viajes de nuestros arquitectos.[69]

La llegada a una joven madurez de los arquitectos pertenecientes
a la nueva generación -titulados en esta década de posguerra- los
convertirá en protagonistas de un debate para el que sus mayores
carecían de vigor y puede que de argumentos.

Es la generación formada por los Fisac, Sáenz de Oiza, Sota, Cabrero
y Coderch entre otros. No faltaron —y es de justicia reconocerlo—
adhesiones a esta modernidad emergente de arquitectos de otras

---

[68]   Rectores respectivamente de la Universidad de Madrid y de Salamanca. La tendencia de estos
pensadores, enrolados en las filas del falangismo liberal, les hizo asumir posturas más liberales que
falangistas. A ello sirvió el talante demócrata-cristiano del ministro.

[69]   Son ya míticas, entre otras, las estancias de Sáenz de Oíza en Estados Unidos y de Miguel Fisac
en los países nórdicos. Cano Lasso trabó conocimiento con el racionalismo holandés en un viaje a
Hilversum en 1949; Gutiérrez Soto viajó a Estados Unidos y Brasil. Otros arquitectos como Ramón
Vázquez Molezún o Jose María García de Paredes disfrutaron de estancias becadas en Roma y éste
último dedicó dos años a conocer las principales arquitecturas europeas.

generaciones, pero también hay que decir que éstos nunca llegaron a ocupar posturas combativas o de vanguardia.

Es el caso de Gutiérrez Soto que con su revisión en clave moderna del proyecto de Alto Estado Mayor en la Castellana -precisamente después de un viaje por Estados Unidos y Brasil, visitando entre otras la obra de Niemeyer- señalaba, tal vez como nadie podía hacerlo, el cierre de una etapa y la apertura hacia otra distinta de búsqueda e implantación de la modernidad.[70]

Estas condiciones de partida -una juventud que, consciente del papel que le tocaba jugar, lo asumía con ilusión y trabajo- provocó un cierto ambiente utópico. No es de extrañar que fuera en los concursos o en convocatorias extraordinarias como la I Bienal Hispanoamericana de Arte, donde con mayor frescura corriesen los aires de renovación de nuestra arquitectura.

Esas promociones, al menos hasta la llegada de los primeros cincuenta, constituyen lo que Miguel Fisac calificó como una *generación huérfana*.

Recién estrenada la década de los cincuenta obtienen su título de arquitecto los Javier Carvajal, Francisco Coello de Portugal, Rafael de la Joya, Manuel Barbero Rebolledo y Rafael Echaide, entre otros.

A esta generación pertenece también César Ortiz-Echagüe. Una biografía sintética revela que nació en Madrid en 1927: tenía nueve años cuando estalló la guerra civil española. El empuje y la fuerte personalidad de su padre tendrá, como se verá más adelante, una destacada participación en la orientación creativa y en el desarrollo profesional del hijo.[71]

---

[70] Esta facilidad para un cambio de lenguaje en los proyectos de Gutiérrez Soto le definen como arquitecto de extraordinario oficio, fina intuición y lenguaje de oportunidad. El *estilo* entendido poco menos que como *disfraz*.

[71] José Ortiz Echagüe (Guadalajara, 1886 - Madrid, 1980). Militar del Cuerpo de Ingenieros; especialista en aeroestación y posteriormente dedicado a la industria aeronáutica. Fundador en 1923 de *Construcciones Aeronáuticas S.A.* (CASA). En 1950 funda desde el INI la *Sociedad Española de Automóviles Turismo,* (SEAT), de la que fue Presidente-Gerente hasta 1967.

Formado en el Instituto Escuela de Madrid pasó la guerra civil entre
Cádiz y Sevilla, aprendiendo dibujo en las Escuelas de Artes y
Oficios; de vuelta en Madrid continúa las clases de dibujo y pintura,
simultaneándolas con el Bachillerato en el Colegio Alemán.

Esta formación explica al menos en parte la orientación de Ortiz-
Echagüe ya en la Escuela de Arquitectura de Madrid y, sobre todo, el
papel jugado en los cincuenta, década crucial para nuestra arquitectura.

Tras su brillante titulación, Premio de la Academia de Bellas Artes
de San Fernando (1952), Ortiz-Echagüe trabajó en el estudio de
Miguel Fisac, aunque no de igual a igual. Ni por temperamento, ni por
formación llegaron a entenderse.

Por entonces Fisac lleva diez años de profesión y aunque se encuentra
balbuciendo los inicios de la arquitectura orgánica en España,[72]
con su obra para el CSIC de los cuarenta es uno de los mejores
representantes de un cierto historicismo, aunque fuera *"remojado"* en
la arquitectura fascista italiana.

Ortiz-Echagüe aprende los intentos de renovación de Fisac tras su
viaje nórdico, pero su formación, de corte germánico, no se identifica
tampoco con esa arquitectura. Tendrá que seguir buscando.

Pronto llegará la primera oportunidad de ensayar su propio modo de
entender la arquitectura: el encargo de un comedor para empleados
de la factoría SEAT en Barcelona. A priori el programa resulta
decepcionante... pero no para el grupo de jóvenes arquitectos que se
reúnen alrededor de los tableros: Rafael de la Joya,[73] su socio Manuel
Barbero Rebolledo y el propio Ortiz-Echagüe, quien escribe:

> *«Escuetamente, el programa sólo exigía que el edificio cumpliese la*
> *función de poder servir dos mil comidas en dos turnos. Pero detrás*

En el plano artístico destacó desde su juventud como fotógrafo, desarrollando métodos personales
para la elaboración de las copias, transmitiendo a su hijo una cierta inquietud creativa.

[72] Primera revisión coherente y con aspiración sistemática en el difícil panorama español de posguerra.

[73] Cuñado de Ortiz Echagüe, y dos promociones anterior por la ETSAM.

Comedores de la fábrica SEAT.
Barcelona. 1957. Ortiz-Echagüe,
Barbero y De la Joya.

César Ortiz-Echagüe con Mies van der Rohe.

Diploma del premio Reynolds concedido por
el Instituto Americano de Arquitectos.

Ortiz-Echagüe, Barbero y De la Joya con el
Premio Reynolds 1957 para los Comedores de
la SEAT en Barcelona.

Barbero, De la Joya y Ortiz-Echagüe, recibidos
por el Sr. Reynolds.

de esa prosaica exigencia se adivinaba la estupenda posibilidad de
que el tiempo dedicado al almuerzo sirviera de verdadero cambio de
ambiente a estos dos mil obreros sometidos a la monotonía de la
fabricación en serie».

La elección del aluminio como material estructural resultará
a la postre trascendental. Por entonces lo usaba, también
precursoramente, Javier Carvajal para la carpintería de su primera
obra, la torre de viviendas de la madrileña plaza de Cristo Rey.

En abril de 1957 el jurado del *Reynolds Memorial Award*, concedido por
el Instituto Americano de Arquitectura (AIA) entre todos los edificios
del mundo en que se emplee primordialmente el aluminio, distingue
su conjunto de comedores.

El premio, que llega por sorpresa, significa un espaldarazo para su
entendimiento de la arquitectura. Llega además de Norteamérica,
donde se produce la arquitectura que ha inspirado su proyecto: el
modo miesiano.

Es difícil definir con exactitud en qué consiste. Pocas arquitecturas
en la historia de una apariencia tan simple y a la vez de mayor
elaboración. Sin pretender precisar una definición para un alcance
mayor que el de este artículo aventuraremos su relación con una
construcción predominantemente acristalada, de volúmenes cúbicos;
metálica; y cuyos componentes son seleccionados entre la oferta que
hace la industria americana de posguerra.[74]

Además, los arquitectos premiados son invitados a visitar los Estados
Unidos y a recoger el premio en Washington, durante la celebración
del Centenario del Instituto Americano de Arquitectos.

---

[74] Sören Thurell, en una explicación del impacto producido por la edificación de la conocida Escuela
Secundaria de Hunstanton en Norfolk —conjunto que me permito señalar como intencional pariente
europeo de la arquitectura miesiana— precisaba: *«Visible steel constructions, raw brick surfaces and
simple orthogonal volumes gave a clear expression of machine architecture to the building, characteri-
zed by matter-of-factness, consistency and mass produced anonynity».* Cfr. ARQUITECTURA 292, julio
1992, «Alison & Peter Smithson». pp. 56-59.

Ortiz-Echagüe conoce así de primera mano las arquitecturas hasta entonces soñadas; pero el sueño más importante es el contacto directo con el padre de la criatura, el alemán afincado en los Estados Unidos, Ludwig Mies van der Rohe.

Mies había formado parte del jurado que le concedió el premio Reynolds. Sin llegar a las fabulaciones de Alberto Campo Baeza[75] no resulta difícil imaginar el encuentro: un joven español, de apenas 30 años, junto al viejo monstruo que irradia magisterio con su sola presencia.

Es posible que el alemán, lengua natal de Mies y segunda lengua del joven Ortiz-Echagüe,[76] suscitara una corriente de simpatía hasta el punto de hacer evocar al primero algún recuerdo de su paso por Barcelona para la edificación del Pabellón Alemán de la Exposición de 1929.

En adelante ese encuentro será una referencia viva; mucho más viva que las lejanas evocaciones herrerianas.

Debido al retraso inherente al aislamiento, la arquitectura de la España franquista apenas balbuceaba sus primeras letras modernas. No es sólo cuestión de diseño; la industria española apenas está saliendo de la autarquía que obligaba –entre otras limitaciones– a la construcción sin hierro. Ortiz-Echagüe es consciente de estar sentando los cimientos, profundos cimientos de lo que debe ser el camino de la nueva arquitectura española.

Para ello aprovecha el entendimiento con un cliente al que ha reportado fama y prestigio, y construye para la SEAT los edificios de la empresa en la Ciudad Condal. Recurre a su compañero de estudios Rafael Echaide, al que había conocido durante sus estudios en el madrileño Colegio Mayor de la Moncloa.

Frente a los ligeros pabellones de los comedores premiados, la pareja Ortiz-Echagüe-Echaide ensaya una solución de densidad mixta,

---

[75]   Me refiero a la anécdota del imaginario viaje de Mies van der Rohe a Madrid en el verano de 1964 y que ya ha sido referido en el capítulo dedicado a Asís Cabrero.

[76]   Recuérdese el paso de Ortiz-Echagüe por el exigente Colegio Alemán de Madrid.

Alumni Memorial HAll. Chicago. 1946
Mies van der Rohe.

Laboratorios SEAT. Barcelona. 1958-1960.
Ortiz-Echagüe y Echaide.

Lafayette Park. Detroit. 1955-1963.
Mies van der Rohe.

Filial SEAT. Barcelona. 1958-1965.
Ortiz-Echagüe y Echaide.

Crown Hall. CHicago. 1950-1956.
Mies van der Rohe.

Filial SEAT. BArcelona. 1958-1965.
Ortiz-Echagüe y Echaide.

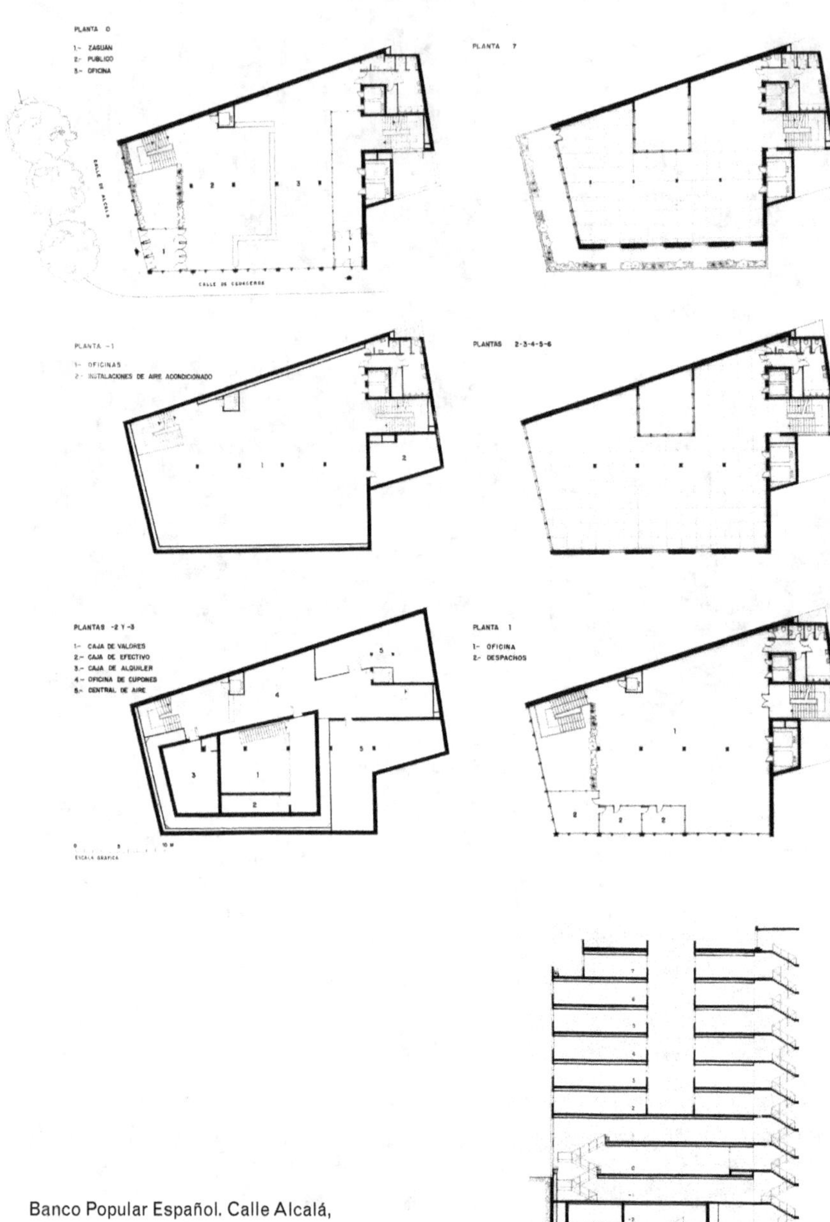

Banco Popular Español. Calle Alcalá,
Madrid. 1960-1964. Ortiz-Echagüe y Echaide.
Plantas y sección longitudinal.

Banco Popular Español. Calle Alcalá, Madrid. 1960-1964. Ortiz-Echagüe y Echaide. Imágenes del interior.

combinando edificación en altura para las oficinas y pabellones bajos para la zona de exposiciones y talleres que muestra la perfecta comprensión de la lección *americana-miesiana.*

En efecto parece más que probable que Ortiz-Echagüe conociese, aún en los tableros, el proyecto de Mies y Hilberseimer para el Parque Lafayette (Detroit, 1955-1963).

Durante un lustro, el estudio Echagüe-Echaide trabaja a pleno rendimiento en proyectos que admiten con facilidad e incluso reclaman el modo de trabajar de los autores: a los sucesivos encargos de la SEAT,[77] que implícitamente los nombra arquitectos de la marca, se suceden otros del grupo FEMSA.

Un proyecto que reviste el mayor interés, por intensidad y carácter urbano, es el de las oficinas del Banco Popular en la madrileña

---

[77] Filial de la SEAT en el parque industrial de la autopista del aeropuerto de Barcelona; Edificio comercial de SEAT en la plaza Cerdá de Barcelona; Laboratorios de SEAT en Barcelona; Filial de la SEAT en la Avenida del Generalísimo (hoy Paseo de la Castellana) de Madrid.

Manufacturers Hanover Trust. Nueva York. 1954. SOM.

Banco Popular Español. Calle Alcalá, Madrid. 1960-1964. Ortiz-Echagüe y Echaide.

National Gallery. Berlín. 1965. Mies van der Rohe.

Banco Popular Español. Calle Gran Via, Madrid. 1968. Ortiz-Echagüe y Echaide.

calle de Alcalá, justo enfrente de una oficina del Banco Español de Crédito (Banesto), proyectada y construida por Barbero y De la Joya,[78] colaboradores en otro proyectos y competencia aquí.

---

[78] REVISTA NACIONAL DE ARQUITECTURA 169, Enero 1956. Sucursal bancaria en Madrid. Banesto, Gran Vía 65. (De la Joya y Barbero Rebolledo). pp. 12-15.

De nuevo la feliz referencia al modelo *miesiano-americano* asiste
a los arquitectos: desde la *Lever House*,[79] en Estados Unidos la
arquitectura moderna tiene ganada la batalla por la supremacía en el
espacio de oficinas.[80]

Así lo explican Carlos Flores y Eduardo Amann:[81]

> *«Obra muy significativa dentro de la labor de estos arquitectos,*
> *influidos por la «estética tecnológica» de Mies y SOM. Pese a*
> *tratarse de una simple instalación comercial, el planteamiento es*
> *de una seriedad y «solidez» no frecuentes en los seguidores de esta*
> *línea, de sólo aparente facilidad».*

---

[79] Aunque el arquitecto del edificio es Gordon Bunshaft y a él ha de atribuírsele el mérito del avance, lo hizo en calidad de arquitecto senior de la firma americana Skidmore, Owens y Merril (SOM). Nueva York, 1952.

[80] Para mayores explicaciones de esa evolución, Técnica y arquitectura en la ciudad contemporánea, 1950-1990, Tesis Doctoral del Profesor Dr. D. Iñaki Ábalos, publicada por la editorial Nerea.

[81] Cfr. CARLOS FLORES Y EDUARDO AMANN. Guía de la arquitectura de Madrid. Madrid 1967.

Banco Popular Español. Calle Gran Via, Madrid.
1968. Ortiz-Echagüe y Echaide.

Banco Popular Español. Calle Alcalá,
Madrid. 1968. Ortiz-Echagüe y Echaide.

Instituto Tajamar, Vallecas, Madrid. 1959. Imágenes de patios y cubierta. Ortiz-Echagüe y Echaide.

Colegio Retamar, Somosaguas, Madrid. 1967. Imágenes del exterior. Ortiz-Echagüe y Echaide.

En el caso madrileño se trata de un difícil solar esquinado, cuya exigüidad obliga al aprovechamiento parcial en doble altura, mediante una escalera que queda a la vista y disposición de los clientes. Puede que la mala experiencia de este hecho, verdadero pie forzado del proyecto, actuase contra su pervivencia en el tiempo.

Lo que queda, al menos en la memoria, es un proyecto de mínimos, elegante trasposición del modelo americano a un esquinazo del provinciano *down town* madrileño de los cincuenta.

El empleo de materiales marcadamente industriales, como los elementos estructurales de acero visto, las grandes lunas fijas de vidrio sobre cerrajería metálica de pequeña sección en el exterior, o la carpintería de nogal, el pavimento de goma o las mamparas y falsos techos modulados en el interior, hablan de una nueva sensibilidad, cada vez más distante del *pastiche* de posguerra.

A comienzos de los sesenta, la floreciente sociedad de los dos arquitectos corre peligro. Aunque en un artificioso equilibrio, debido a la deficiente industrialización del país, ha demostrado su capacidad para importar el sueño americano. Al despuntar la nueva década, tanto Echaide, como el propio Ortiz Echagüe diversifican sus intereses.

Desde 1958, Echaide se había interesado por el urbanismo, realizando entre 1961 y 1962 los cursos de Técnico Urbanista del Instituto de Estudios de Administración Local. En 1962 alcanza el grado de doctor y al año siguiente se convierte en profesor adjunto en la Cátedra de *Proyectos Primero* de la ETSAM. En 1965 se convierte en Encargado de la Cátedra de Proyectos en la misma ETSAM.

Por su parte, Ortiz-Echagüe es convocado en 1961 a un grupo de trabajo para la puesta en marcha de la Escuela de Arquitectura de la Universidad de Navarra, iniciativa del Opus Dei. Viaja al extranjero para conocer otras Escuelas.

Este súbito acercamiento a la docencia tiene su contrapunto profesional en dos interesante encargos en Madrid: el Instituto Tajamar, una filial del Ramiro de Maeztu en Vallecas y el Colegio Retamar, en Somosaguas.

No obstante, la suerte está echada. Lúcidamente Ortiz-Echagüe reconoce la dificultad de mantener la tensión creativa fiel al referente *miesiano* y sus consecuencias:

> *«Lo que es indudable es que estas dos obras, que esperamos tengan un interés como conjunto de espacio, como formas y como calidades, no aportan nada a esa gran tarea de la socialización de la arquitectura. En estos dos casos concretos pienso que nuestra obligación era hacer esto, pero yo no dejo de tener remordimientos, y son estos quizá los que me llevan a que, dentro del plan de investigaciones que*

Durante cuatro años, los últimos de su estrecha relación profesional,
no aceptan otros encargos. La complejidad y la necesidad de
interpretar adecuadamente el tono de cada uno de estos dos conjuntos,
les lleva a un trabajo exclusivo.

Los resultados muestran una evolución de intereses que se aleja, al
menos aparentemente, del modelo *americano*. Puede que se dejasen
sentir las corrientes *neo-formalistas* que circulan por Europa y que el
propio Ortiz-Echagüe parece descubrir en los proyectos del Colegio de
Nuestra Señora Santa María de Fernández Alba o el barrio residencial
Vista Alegre en Zarauz, de los Encio Cortázar y Peña Ganchegui.[82]

En 1964 la Escuela de Arquitectura de Pamplona abre sus puertas
y Ortiz-Echagüe que sigue con una labor de asesoría de distintas
iniciativas en el campo de la enseñanza y en consecuencia no
puede dedicarse a la docencia en las aulas universitarias, pide a su
compañero que se traslade a Pamplona.

Los dos saben que esto significa el cierre de la oficina común.
No obstante en septiembre de 1966, Rafael Echaide empieza las
clases como Encargado de la Cátedra de proyectos de la Escuela de
Arquitectura en la Universidad de Navarra.

A partir de este momento habrá colaboraciones esporádicas pero siempre
en obras menores. Echaide se entrega en cuerpo y alma a la docencia
universitaria en Pamplona hasta su fallecimiento acaecido en 1994.

En la práctica, Ortiz-Echagüe abandona el ejercicio de la profesión
dedicado a la dirección de las labores del Opus Dei en España. Desde
esos cargos actuará como consultor de algunas obras.[83]

---

82   Cfr. CÉSAR ORTIZ ECHAGÜE. La arquitectura española actual. Editorial RIALP. Madrid, 1965.

83   El 24 de septiembre de 1963, Heliodoro Dols recibió el encargo de un Santuario en el Somontano
aragonés a la Virgen de Torreciudad. Desde entonces, y junto al también arquitecto Jesús Álvarez
Gazapo, Ortiz-Echagüe actuó como arquitecto de la propiedad. El Proyecto de ejecución estuvo

Ordenado sacerdote, reside en Alemania desde los años ochenta.

Al margen de las motivaciones de índole personal que condujeron
a César Ortiz-Echagüe y Rafael Echaide al abandono práctico de
una actividad profesional floreciente y prometedora quedan para
la historia diez años escasos de una arquitectura que mereció el
reconocimiento del mismísimo Mies van der Rohe, y una sincera
admiración profesional dentro y fuera de nuestro país.

Dos lustros en la misma *cresta de la ola* que separan obras como la
Universidad Laboral de Gijón de Luis Moya, de otras como las Torres
Blancas de Sáenz de Oíza en Madrid.

Las explicaciones de por qué no son más conocidas y reconocidas la
obra y la personalidad de esta pareja de arquitectos en nuestro país
habría que buscarlas en la difícil aceptación *social* de su arquitectura
y puede que en los nuevo aires orgánicos que ya entonces empezaban
a soplar en el panorama arquitectónico español.

En la interesante publicación de Antonio Arean Fernández, José Ángel
Vaquero Gómez y Juan Casariego Córdoba, *Madrid, arquitecturas
perdidas 1927-1986*, cuentan con la triste presencia de dos hermosas
obras: las mencionadas oficinas del Banco Popular Español de la calle
Alcalá -irreversiblemente deformadas- y el conjunto para SEAT del
Paseo de la Castellana, hoy lamentablemente sustituido por un edificio
de catálogo para una industria de energía española en donde apenas
resulta reconocible el volumen del edificio original.[84]

De poco consuelo resulta que la misma publicación recoja el recuerdo
de obras como la Vivienda de la calle Doctor Arce, de Alejandro de la
Sota, la fábrica Monky de Genaro Alas y Pedro Casariego o la Sala de
exposiciones HISA, de Francisco Javier Sáenz de Oiza, que corrieron
igual suerte, y que como las de Echagüe-Echaide sirvieron para trazar
el camino de la arquitectura española hacia el sueño moderno.

---

dispuesto en 1970 y el Santuario se inauguró con la celebración de la Santa Misa en sufragio por
San Josemaría Escrivá, el 7 de julio de 1975.

[84]   Cfr. ANTONIO AREAN FERNÁNDEZ, JOSÉ ÁNGEL VAQUERO GÓMEZ Y JUAN CASARIEGO
CÓRDOBA. Madrid, Arquitecturas perdidas 1927-1986. Editorial Pronaos, 1995, p .70.

ELEUTERIO POBLACIÓN KNAPPE

1928-2011

EDIFICIO
BEATRIZ

La oportunidad de trabajar profesionalmente en la redacción del plan estratégico y la reforma del edificio Beatriz en Madrid, me brindó la suerte de un acercamiento personal a la figura y a la obra de Eleuterio Población, profesional de muy rara estirpe en el panorama arquitectónico español.

Profesional verdaderamente singular, dotado de un talento muy poco reconocido y, en consecuencia poco publicado, insensible a las modas y, en cambio, muy preocupado por el desarrollo del oficio de constructor en su más noble acepción, Población es un arquitecto cuya figura se acrecienta –como la de sus edificios– con la perspectiva del tiempo.

Su cultivo al alimón de la matemática y la arquitectura le permitió el desarrollo de un oficio ligado a la industria, utilizando como estrategias operativas la modulación y la seriación. La facilidad para convertir en aparente falta de esfuerzo la complejidad de sus estructuras e instalaciones le convierte en un personaje muy poco frecuente en la España de los sesenta, introductor y precursor de una forma de entender la profesión.

Publicado anteriormente en el libro Eduardo Delgado Orusco. EL EDIFICIO BEATRIZ. LA PIEL DURA. Ediciones Lampreave. Madrid, 2013, pp. 35-39 y 127-141.

La piel dura: Eleuterio Población, arquitecto del Edificio Beatriz (2013)

El Instituto Americano de Arquitectos (AIA),[85] equivalente al Consejo de los Colegios de Arquitectos de España, otorga anualmente un premio –el *Twenty-Five Year Award*– a aquellos edificios que han superado con distinción la prueba de entre los 25 y los 35 años de existencia.

La indiscutible pertinencia de este galardón se relaciona con la capacidad de los edificios para asumir dignamente el paso del tiempo y sus efectos. Esta condición apela al oficio de los constructores –en su sentido más amplio– a la magnanimidad e inteligencia en el empleo de los materiales y, en última instancia, a la vocación misma de la arquitectura, una de cuyas más legítimas aspiraciones es la perdurabilidad. En el extremo opuesto estarían aquellos edificios cuyo mejor día fuera el primero.[86]

Este mismo enfoque puede servir para explicar la pertinencia de esta publicación dedicada a un edificio que por fechas, por vocación y por méritos, podría concursar a aquel premio con serias aspiraciones de éxito.[87] El Edificio Beatriz resulta un ejemplo de aquellos proyectos que pasaron con escasa fortuna crítica en la fecha de su construcción, pero en los que el paso del tiempo ha venido a refrendar un planteamiento consistente y riguroso, en efecto poco sensible al calor de los focos del primer día y, en cambio, mucho más volcado en aquella aspiración de perdurabilidad de la arquitectura.

---

[85]   El American Institute of Architects (*AIA*) fundado en 1857es la organización profesional que representa los intereses profesionales de los arquitectos estadounidenses.

[86]   El elenco de los inmuebles premiados con este galardón sirve para recorrer las indiscutiblemente mejores arquitecturas del panorama profesional americano del siglo XX. Sólo en el terreno de los edificios de oficinas y entre otras podrían citarse: el Rockefeller Center, en Nueva York (Reinhard & Hofmeister; Corbett, Harrison & MacMurray, 1969); la Johnson Wax, en Racine-Wisconsin (Frank Lloyd Wright, 1974); la Lever House, en Nueva York (Gordon Bunshaft; Skidmore, Owings & Merril, 1980); el Seagram, en Nueva York (Ludwig Mies van der Rohe, 1984); la Fundación Ford, en Nueva York (Kevin Roche, John Dinkeloo & Associates, 1995); o el John Hancock Center, en Chicago (Skidmore, Owings & Merril, 1999).
También puede señalarse que un edificio construido en España ha sido merecedor de esta distinción: la Fundación Joan Miró, en Barcelona (Sert, Jackson & Associates, 2002).

[87]   Lamentablemente para esta posibilidad una de las condiciones del mencionado galardón, que no tiene equivalente en nuestras latitudes, es que el autor del edificio en cuestión forme parte de la AIA.

En efecto, superado el período de aislamiento y autarquía que caracterizó la década de la posguerra en nuestro país, se habían venido activando una serie de corrientes cuyo objetivo común era la actualización operativa de la arquitectura española con la que se realizaba fuera de nuestras fronteras, tratando de acortar las endémicas distancias que habían caracterizado no ya sólo el mundo de la arquitectura si no el de la cultura española en general, con respecto a su entorno europeo más inmediato.

El caso del Edificio Beatriz podría inscribirse en el intento de sometimiento de los procesos de proyecto y de construcción asociados a la arquitectura, a los imperativos determinados por la industrialización y, en consecuencia, a la seriación y la estandarización. Este paradigma pretendía asimismo una optimización en el aprovechamiento de las superficies y volúmenes disponibles a partir de un suelo determinado, muy apropiada para un uso comercial como el que se planteaban los promotores de este edificio.

No obstante, como se ha señalado más arriba, esta corriente hunde sus raíces en la optimización del espacio de trabajo que los arquitectos europeos y especialmente norteamericanos, venían desarrollando desde hacía décadas.

El caso del Beatriz podría considerarse como uno de los mejores ejemplos edificados en nuestro país de ese modo de plantear el proyecto de arquitectura. Su referencia directa, aunque ubicada en Bruselas, se debe a la firma de una de las más importantes oficinas de arquitectura de los Estados Unidos: la Sede Corporativa de la Banca Lambert, inaugurada en 1965, pocos meses antes del encargo del Beatriz, actualmente perteneciente al grupo ING. Este edificio responde a un proyecto de Gordon Bunshaft,[88] quien empeñó la mayor parte de su vida profesional como arquitecto senior de la oficina fundada por Louis Skidmore, Nathaniel Owings y John Merrill, más conocida como SOM.

Con todo, como sucedió con algunas otras obras de arquitectura edificadas en nuestro país en esas décadas, puede afirmarse que

---

[88]   Gordon Bunshaft (1909-1990), arquitecto americano que alcanzó la fama y el reconocimiento internacional con el proyecto de la Lever House (1951) en Nueva York. Recibió el Premio Pritzker en 1988, *ex æquo* con Óscar Niemeyer.

Sede Corporativa de la Banca Lambert, Bruselas. 1965 (actual ING). Gordon Bunshaft.

Edificio Beatriz. Eleuterio Población. Fotografía de los años 70.

el Beatriz aguanta la comparación con aquella referencia, siendo un ejemplo del gran impulso que en un entorno de todavía incipiente industrialización tuvo lugar en la España de los sesenta y los setenta.

Volviendo al caso que nos ocupa, el inmueble se edificó sobre el solar ocupado hasta entonces por el antiguo convento de la Concepción Jerónima de Madrid, heredero de la fundación de Beatriz Galindo.[89] Precisamente en homenaje a su remota fundadora el nuevo edificio recibió su nombre de pila, conservando en el acceso a su salón de actos, situado en el primer sótano del edificio, la reja del antiguo convento.

Por otra parte, el arquitecto elegido para su edificación fue Eleuterio Población,[90] profesional caracterizado por una insistente investigación sobre la arquitectura y la proporción.[91] No obstante, con independen-

---

[89]   Beatriz Galindo fue la primera mujer conocida que se dedicó a la docencia en España. Fue maestra de Isabel la Católica y de sus hijas, compartiendo con la reina los veinte postreros años de su vida. Beatriz, conocida con el respetuoso apelativo de *La Latina*, contrajo matrimonio, según el deseo real, con uno de los grandes héroes de la Reconquista: Francisco Ramírez de Madrid, *el Artillero*. A su muerte dejó descendencia y fundaciones suficientes como para que su nombre perdure e identifique al céntrico barrio donde se asentó.

[90]   El proyecto fue objeto de un concurso, más no al uso: «*Pocos días después me volvió a citar (se refiere a Luis Valls) y me comunicó que el Consejo había decidido construir un gran edificio en los terrenos que el Convento de Clausura de Beatriz Galindo poseía ocupando la media manzana que daba fachada a las calles de Velázquez, Lista y Núñez de Balboa. Más de 60.000 m² construidos que merecían ser objeto de un concurso privado al que desde ese momento estaba invitado. El Banco eligió a un ingeniero catalán que debería ir analizando los proyectos de los arquitectos invitados y comunicando sus impresiones al Consejo. Naturalmente quedé entusiasmado por el nuevo encargo*». Cfr. Texto preparado por Eleuterio Población para la publicación EDUARDO DELGADO ORUSCO. La piel dura. El edificio Beatriz de Madrid. Eleuterio Población Knappe. Ediciones Lampreave. Madrid, 2013. p. 357. Este ingeniero debió ser Rafael Morillas Soler, responsable del Departamento de Inmuebles del Banco en aquella fecha.

[91]   El equipo técnico encargado del proyecto y posterior edificación del Edificio Beatriz resultaba ciertamente nutrido como cabía esperar en un proyecto de esta envergadura. Junto a Eleuterio Población, a quien debe asignársele la autoría conceptual del proyecto, intervinieron los también arquitectos Enrique Antonio Larrán Clement, Salvador Camacho Bracero y Euclides Bernasconi Castellano, así como los aparejadores Pablo Luis Delgado Jiménez, Antonio Rodríguez Romero, José Luis Calvente del Castillo y Julio Álvarez Olalla. Para el estudio de la mecánica del suelo –recuérdese que en su día se trató del mayor vaciado urbano de Europa– se contó con Santiago Uriel Romero, doctor ingeniero de caminos y profesor de esa disciplina en la correspondiente Escuela de la Universidad Politécnica de Madrid. Un capítulo específico fue el de los recintos estancos para los sótanos y los problemas inherentes a las pantallas de contención de tierras, en donde intervino Manuel Maestre Orts, ingeniero civil de la Escuela Politécnica de la Universidad de Lausanne en Suiza.
Para el cálculo de la estructura, capítulo particularmente comprometido del proyecto, se contó con Manuel y Ramón Crespo, habiendo dirigido los ensayos de laboratorio de los elementos prefabricados de fachada, realizados en el Instituto de la Construcción Eduardo Torroja, Álvaro García Meseguer.

El convento de las Jerónimas. 1890-1967.
En la calle José Ortega y Gasset 29, obra de José Marañón.

Eleuterio Población Knappe.

cia de la cualidad de su obra, la exploración de sus dos facetas como creador –la matemática y la de arquitecto– y más aún, la comprensión de sus interacciones es la única forma de realizar un cuadro cabal de Población. Como señala Paloma Gil, refiriéndose a Van der Laan, *«queda ahora indagar en la búsqueda de datos ciertos en relación al proceso de proyecto arquitectónico o especular sobre él, para acabar componiendo un insólito puzle en el que traten de encajar piezas dispersas, difíciles y evanescentes piezas incluso de distinto espesor muchas equívocas de tonalidad semejante»*.[92] Una atenta observación del trabajo de Población uniría su nombre a los de Peter Behrens o Rafael Leoz que,

---

Las instalaciones del edificio fueron proyectadas por Benedicto Aguilera María y sus colaboradores Manuel López Navas y José Estíbariz. Se da la circunstancia de que esta misma oficina de ingeniería, capitaneada ahora por Pedro Aguilera, hijo de Benedicto, es la responsable de la ingeniería de la nueva sede corporativa del Banco Popular en las calles Abelias y Juan Ignacio Luca de Tena, en el barrio de Hortaleza.

Finalmente, y como manifestación del entendimiento integral del alcance del encargo, también se contó con expertos en acústica para los locales de reunión y las instalaciones de megafonía y proyección cinematográfica. En este capítulo constan los Sres. Béjar y Salcedo.

A este equipo habría que añadir, y así lo hacía constar el arquitecto en la memoria del proyecto, con su equipo de delineación dirigido por Joaquín Caro, *«sin cuyo constante trabajo no hubiera sido posible dar fin a este proyecto»*. Igualmente, y dada la compleja condición de este proyecto Población también destacaba en el capítulo de coordinación con la propiedad a Rafael Moya Román *«a cuyos desvelos se debe el establecimiento definitivo del programa a realizar»*. Cfr. Memoria del proyecto para edificio de Oficinas. p. 7.

92   Cfr. PALOMA GIL, en Otras Vías 3. Homenaje a Van der Laan. Colegio Oficial de Arquitectos Castilla y León Este, Demarcación de Ávila. Madrid, 2008. p. 32.

junto al propio Van der Laan, se aproximaron al proyecto de arquitectura con lo que podríamos llamar una actitud de ingenuidad positivista, tratando de sistematizar el proceso de proyecto mediante el uso de la geometría y el seguimiento de leyes exactas.

Nacido en Huelva en 1928, hijo de José Población, médico y propietario de su propia clínica en Huelva, Eleuterio Población tuvo una exquisita formación: hasta los 9 años de la mano de su madre de origen alemán Irmag, de la que el arquitecto reconoce haber heredado no pocos valores, y más tarde de la Escuela Francesa de Mademoiselle Ivonne y Madame Ivonne Cassennave.[93] Posteriormente alumno del selecto Instituto de La Rábida en Huelva, se matriculó en la carrera de medicina en la Facultad de San Carlos de Madrid, siguiendo los pasos de su padre, para descubrir algo más tarde su verdadera vocación como arquitecto.

Autor polifacético y caracterizado por una gran inquietud, además de arquitecto, Población es pintor y escultor. Discípulo de Ángel Ferrant y compañero de Miguel Berrocal, su obra en estas disciplinas fue presentada por Eugenio D´Ors en la Galería Buchholz de Madrid.

Familiarmente vinculado a Alemania –a través de su madre– Población gusta también de recordar sus estancias estivales en aquel país durante su época de estudiante, trabajando en la construcción de viviendas, asignando a esta experiencia no poco aprendizaje relacionado con el método y la disciplina. Hay que pensar que precisamente en aquellos años Alemania se encontraba inmersa en el proceso de reconstrucción material de la geografía de sus ciudades arrasadas durante la Segunda Guerra Mundial. Ciertamente este proceso hubiera sido imposible sin el recurso a la seriación y la industrialización.

Titulado en 1954 en la Escuela de Arquitectura de la Universidad Politécnica de Madrid,[94] Eleuterio Población es un profesional caracte-

---

[93]   Esta formación también le aportó un conocimiento de idiomas, crucial para entender su posterior desarrollo profesional: además del castellano Población domina el alemán y el francés y dice *defenderse* en italiano.

[94]   A esta misma promoción pertenecen los arquitectos Antonio Lamela Martínez y José López Zanón, entre otros. A la promoción de 1953 pertenece Francisco Coello de Portugal, ordenado fraile

rizado por un notable oficio que ha orientado su carrera en un sentido marcadamente comercial, especializándose en proyectos de sedes financieras, hoteles e instalaciones industriales.

En el intento de reivindicación de algunos arquitectos españoles de la segunda mitad del siglo XX que Salvador Pérez Arroyo pretende en un reciente texto, es comparado con Antonio Lamela –incluyendo una mención explícita del Edificio Beatriz– de quien afirma que *«su actitud profesional y su interés por una arquitectura de gran efectividad técnica, le convierte en un arquitecto de innegable valor. Junto con Fargas y Tous o Eleuterio Población, autor de edificios como el teatro en el recinto de la Expo de 1992 en Sevilla o el Edificio Beatriz en Madrid, representan ese tipo de oficinas que cumplen un innegable papel en la construcción de un producto siempre de alta cualificación; producto que representa lo mejor de una sociedad civil a la que debemos poco a poco acostumbrarnos en España».*[95]

Un poco más adelante en ese mismo texto, la autorizada pluma de Pérez Arroyo concluye inequívocamente: *«En otro nivel de lectura estaría mi preocupación por reivindicar la figura de arquitectos como Población, Lamela o Moreno Barberá. (...) Todos representan la base de un tejido profesional del que nos faltan muchos ejemplos en España».*[96]

Como arquitecto su primer trabajo fue la participación en el concurso internacional para la ordenación del Paseo Marítimo de Tenerife, cuyo premio –como él mismo relata– le permitió la instalación de su primer estudio profesional. Poco después Población ganó el concurso para el Edificio del Monte de Piedad y la Caja de Ahorros de Sevilla (1958), proyecto que sería clave en la trayectoria del arquitecto, tanto por introducirle en el terreno de las sedes corporativas para entidades financieras, como porque fue viendo este edificio cuando José Meliá decidió encargarle el Hotel Meliá Don Pepe (1964) en Marbella, del que Mar Loren apunta que *«tanto el arquitecto como el promotor*

---

dominico unos años después, quien ofició, junto al párroco de la madrileña iglesia de San Agustín, la misa funeral por Eleuterio Población.

[95] Cfr. SALVADOR PÉREZ ARROYO. Los años críticos. 10 arquitectos españoles. Fundación Antonio Camuñas. Madrid, 2003. p. 50.

[96] Cfr. SALVADOR PÉREZ ARROYO. *Op. cit.* p. 53.

Hoteles Meliá Don Pepe, Marbella, 1962, y Meliá Caribe, Caraballeda, Venezuela, 1965.
Eleuterio Población

*apostaron con éxito por la modernidad como icono del Hotel Don Pepe,
símbolo de la élite y la excelencia».*[97]

Entre sus obras en este género podrían señalarse cerca de una treintena
de hoteles. Desde los primerizos Hotel en Fuengirola (1954) y Atalaya
en Huelva (1955), Población protagoniza la evolución del espacio para el
turismo en la España desarrollista de los cincuenta y sesenta, así como
la consolidación de nuestro país como potencia en este terreno en los
setenta y ochenta. Además, este género sirvió a Población para exportar
su arquitectura fuera de España, de la mano de su satisfecho comitente
José Meliá. En concreto proyecta el Meliá Margarita (1967) en la isla del
mismo nombre, el Meliá Puerto de la Cruz (1974) y el Meliá Caribe, los
tres en la América caribeña, a los que habría que sumar los Meliá de
Casablanca, Marrakech, Anfa o Agadir, en Marruecos.

Con todo, su obra más celebrada en este género será, además del
Meliá Don Pepe, el Hotel Luz de Sevilla (1966) que *«representó una
arriesgada apuesta por la modernidad, en un espacio muy significativo
del centro histórico de una ciudad donde resulta tan difícil proponer
ideas avanzadas, debido al gran arraigo social de la tradición».*[98] Al hilo

---

[97]   Cfr. La modernidad española como relato de las periferias. Laboratorio arquitectónico y visiones
urbanas en el alejado sur íbero. Mar Loren Méndez. Apuntes, volumen 21, núm. 2, 2008. p. 245.

[98]   Cfr. *Prólogo*, Ramón Queiro Filgueira, en ELEUTERIO POBLACIÓN KNAPPE. Teoría del módulo
y coordinación dimensional. Fundación Fidas. Sevilla, 2008. p. 11.

Banco del Norte, 1980, y Banco Levante, 1976. Madrid. Eleuterio Población.

de este proyecto Ramón Queiro reconoce el magisterio de Población entre los estudiantes de su generación: *«Los alumnos de la recién fundada Escuela de Arquitectura de Sevilla pronto comprendimos ese nuevo paisaje de la calle Martín Villa más en consonancia con las propuestas racionalistas de Rafael Arévalo, Ignacio Acosta y Ricardo Espiau, que conforman el nuevo paisaje de la calle Imagen, en contraste con el historicismo neomudéjar de Aníbal González (1907), o la recreación neogótica de Vicente Traver en la singular casa de los Marqueses de la Molina (1931) en el tramo de la calle Laraña».*[99]

No obstante, como buen representante de su generación, Población también participó activamente en el proceso de masiva dotación de viviendas que puso en marcha la primera Ley del Suelo española de 1956, lo que obligó a una cierta seriación de las respuestas.

De hecho, podríamos precisar que su interés, como el de otros arquitectos de su generación se centró en alcanzar una cierta vanguardia en la industrialización de la construcción. Este rumbo le condujo a participar en un notable número de proyectos para entidades que, bien por imagen bien por necesidad, deseaban implementar esta condición en sus inmuebles. Implícitamente el arquitecto hace una selección de sus trabajos en este terreno al presentar los siguien-

---

[99]   Cfr. *Prólogo*, Ramón Queiro Filgueira, en ELEUTERIO POBLACIÓN KNAPPE. Op.cit. p. 11.

Edificios Eurobuilding, Madrid (1969) y Eurobuilding 2, Madrid (1975),
Viviendas en el Parque de las Naciones, Madrid (1965) y en Vallecas, Madrid
(2005). Eleuterio Población.

tes edificios para ilustrar su teoría sobre el módulo y la coordinación dimensional en el libro publicado por la Fundación Fidas: además del Edificio Beatriz, Población incluye el Banco de Levante (1976), el edificio Endesa (1977), el Banco del Norte (1978), el Centro de Proceso de Datos del Banco Popular (1981-1993), el edificio de Citibank España (1992) y el edificio Antalia (2000), todos ellos en Madrid.

Igualmente, cabe señalar que Población se ha caracterizado por una cierta presencia en las instituciones ligadas a la Arquitectura y la Cultura en general, habiendo llegado a ser Decano del Colegio de Arquitectos de Madrid, consejero del Consejo de Colegios de Arquitectos de España, miembro fundador de la Fundación Antonio Camuñas, jurado en los Premios Príncipe de Asturias o Académico de la Real Academia de Bellas Artes de Santa Isabel de Hungría. Igualmente figura en su currículum un paso –bien es cierto que relativamente fugaz– por el claustro de la Escuela de Arquitectura de Madrid, entre 1969 y 1974, precisamente coincidiendo con la fase de construcción del Edificio Beatriz, en lo que parece más un tanteo que una vocación.[100]

La arquitectura de Población es una opción vocacionalmente moderna no ya sólo como expediente compositivo, sino como intento de incorporación de los procesos de la industria a la construcción. Para ello, el arquitecto onubense maneja grandes volúmenes de edificación, lo que indudablemente favorece su propósito. Población huye así de la *casuística*, tratando de encontrar un universal constructivo para cada proyecto, ya se trate de hormigón prefabricado, panel sándwich o losa continua. Este modo de trabajo –la estandarización– lleva consigo el peligro de una cierta *planeidad* en sus soluciones espaciales, haciéndose más difícil plantear puntos de intensidad en el proyecto, que en otras lógicas.

Su arquitectura requiere escala, dimensión, y en ella encuentra su plenitud pues también ahí adquiere todo su sentido. Esta condición acaba traduciéndose en que, a mayor escala, sus obras suelen ser más acertadas. Población no es un arquitecto de matices; es más bien un

---

[100] Población había obtenido el título de Arquitecto Urbanista por la Escuela Nacional de Administración y Estudios Urbanos y su doctorado en 1966, y ejerció como Profesor de Construcción durante el curso 1969-1970, Profesor Especial para Proyectos de Fin de Carrera entre 1970 y 1973 y Profesor Encargado de la Cátedra de Proyectos III durante el curso 1973-1974.

Edificio Beatriz. Eleuterio Población. Fotos de obra. Vaciado del solar y montaje de fachada prefabricada.

arquitecto al estilo operativo de Prouvé o de Bunshaft, un arquitecto innovador e inventor de sistemas.[101] Esto explica también que en sus encargos, el proceso de proyecto se dilate, recuperando con facilidad ese tiempo y ese esfuerzo durante la fase de construcción: cuando todo responde a un sistema, los procedimientos de puesta en obra se optimizan y se beneficia la economía.

No obstante, como contrapunto de todo lo anterior y en un paralelismo que centra la postura profesional de Población, el arquitecto insiste en la dimensión humanista de su trabajo. De hecho, encuentra una relación muy estrecha entre su interés por la modulación y la arquitectura renacentista cuando se pregunta *«¿Qué son los trazados reguladores sino formas abstractas de coordinación dimensional?»*.[102]

Otra consecuencia de la forma de trabajo de este arquitecto es la durabilidad de sus edificios que en muchos casos, y haciendo abstracción de la pátina de suciedad que agrisa nuestras ciudades y que no depende de la propia arquitectura, parecen recién ejecutados a pesar de contar con una existencia de años y aún de décadas.

---

[101]   En una entrevista en la prensa el arquitecto describía así los criterios de proyecto del Edificio Endesa (1977): *«La estructura es muy parecida a la de un avión, tiene paneles de cerramiento iguales que los de los coches y el interior está hecho como si se tratara de un DC3 o un 747 con paneles de fibra de vidrio, etcétera».* Cfr. CAMBIO 16, n.742. 17 de febrero de 1986. p. 111.

[102]   Cfr. Entorno histórico. De la revolución industrial a la Bauhaus, en ELEUTERIO POBLACIÓN KNAPPE. *Op. cit.* p. 19.

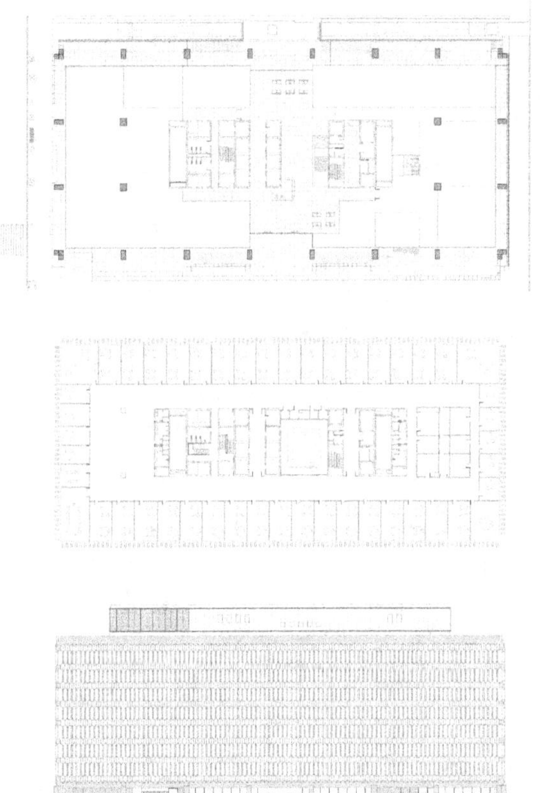

Edificio Beatriz. Eleuterio
Población. Plantas baja,
séptima y alzado.

En el debe de este tipo de trabajo también podría señalarse un cierto
autismo con respecto a la ciudad histórica. En este sentido Población
se muestra como un arquitecto de filiación clara y ortodoxamente moderna, en su versión podríamos decir *corbusierana* de los años veinte.
No es que la arquitectura de Población niegue o ignore los contextos
históricos, si no que se yuxtapone sin apenas diálogo. En último extremo, el paradigma de este modelo de trabajo serían los sucesivos
planes urbanísticos del arquitecto suizo para la ciudad de París (1922-
1946). Ello explicaría que en su mayoría los edificios de Población bus-
quen –como en el caso del Beatriz, expresamente– ser exentos, desvin-
cularse de su entorno para presentarse de forma independiente. Sólo
con dificultades su arquitectura se integra en conjuntos históricos
complejos y, casi siempre, marcando una distancia de índole cultural.

En esta misma línea, de edificios que se yuxtaponen casi sin diálogo con su entorno, podrían encontrarse proyectos contemporáneos del Beatriz, como la IBM (1967) de Miguel Fisac en el Paseo de la Castellana de Madrid, cerca de la plaza de Colón, por más que este edificio sea parcialmente medianero. Pero lo es, digamos que por obligación del guión: su vocación es otra. De hecho, y en la misma línea de muchos de los proyectos de Población, la IBM es ante todo el resultado de un sistema: una sucesión de bandejas-forjados cuya fachada se resuelve con una única pieza de hormigón que, en función de su disposición –secuencialmente cóncava o convexa– genera una gramática que resuelve el conjunto. El contacto con su *trasera* se articula mediante una medianera neutra que sencillamente interrumpe aquella ley. Este ejemplo permite imaginar cómo hubiera sido el encuentro medianero del Beatriz, si no se hubiera conseguido la solución exenta.

Otros ejemplos en este sentido serían todos aquellos ejercicios nacidos urbanísticamente exentos, desde el tempranero Arriba (1962) de Asís Cabrero hasta la mayor parte de las torres de AZCA, como el Banco de Bilbao (1971-1980) o la Torre de Caja Madrid (1974-1982), pasando por las Torres de Colón (1967-1976) o el Edificio de La Castellana para La Unión y el Fénix (1965). Todos estos conjuntos responden –con mayores o menores matices– al paradigma de rascacielos americano, poco sensible por no decir indiferente, a su entorno.

En la línea opuesta resulta muy fácil encontrar otros edificios contemporáneos que, en algunos casos obligadamente, dialogan con más naturalidad con su entorno aunque sin negar su filiación inequívocamente moderna. Sería el caso del Banco de Madrid (1959-1964), de Antonio Bonet Castellana, o del Banco Industrial de León (1973-1975), de Javier Carvajal, que entienden su condición de vecindad como una llamada a aquel diálogo.

Un caso particular en este sentido, superador de esta falsa dialéctica, sería el ejemplo del Bankinter. Como hemos visto en los capítulos precedentes, en el proceso de sustitución de los antiguos palacetes del Paseo de la Castellana que significó la transformación de esta arteria en punto de encuentro y escenario de muchas de las grandes entidades, ya fueran financieras o industriales de la España

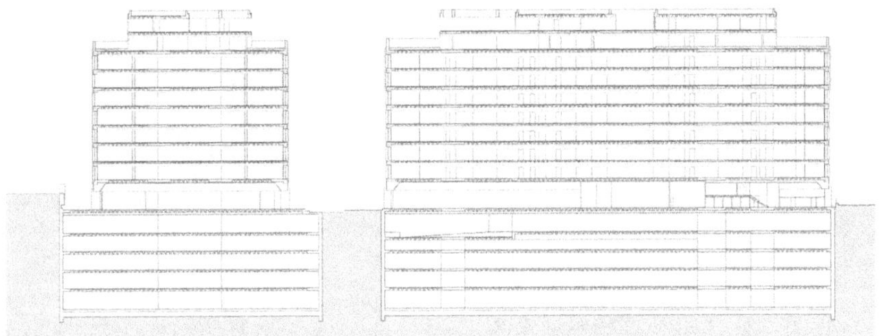

Edificio Beatriz. Eleuterio Población. Sección transversal y longitudinal.

del desarrollismo y la industrialización, este proyecto estableció un modélico entendimiento de hasta qué punto ese proceso no debía significar necesariamente la desaparición de su precedente. De hecho, el proyecto de Rafael Moneo y Ramón Bescós establece como pie forzado precisamente el diálogo con la pieza existente –el Palacio del Marqués de Mudela– y para ello no resulta un obstáculo la diferencia de escala. Es indudable que esta intervención resulta excepcional en el panorama urbanístico español de los sesenta y setenta pero, y precisamente por ello, merece esta mención destacada.

De todo lo anterior cabe apuntar que el Beatriz marca un destacado hito no sólo en la historia de los espacios de trabajo en nuestro país, sino también en la biografía profesional de Eleuterio Población. En parte por ser una de sus primeras obras importantes en Madrid,[103] y en parte por ser el primer eslabón de un género característico y muy trabajado por el arquitecto.[104]

---

[103] De hecho hasta la fecha, las obras de Población en Madrid se limitaban a proyectos de vivienda: el poblado de San Cristóbal de los Ángeles (1959-1965) y el poblado de Virgen de Begoña (1957-1966), en ambos formando parte de un numeroso equipo, o el lujoso Parque de las Naciones (1965-1968) en la calle Guzmán el Bueno, construido para Benito Fábrega.

[104] Al ser preguntado al respecto, el arquitecto lo afirmaba con rotundidad: «*Pregunta*: Usted tiene muchísimas obras ¿Tiene preferencia por alguna? *Respuesta*: Tal vez el Edificio Beatriz, que es al que he dedicado más esfuerzo y también es uno de los más publicados». Cfr. CAMBIO 16, n. 742. 17 de febrero de 1986. p. 111.

Además, la copia del proyecto del Beatriz guardado en el estudio profesional del autor fue bautizado como *la Biblia*, siendo documento de referencia siempre que se planteaba alguna duda operativa.

CURRO INZA

1929-1976

Este texto fue preparado para el anuario de la Universidad Internacional SEK durante mi docencia en el centro que esta Universidad mantenía en la ciudad de Segovia. Esta circunstancia –mi adscripción al centro segoviano– unida a la conmemoración de los 25 años de su fallecimiento me condujeron a estudiar tres obras suyas en el entorno de la ciudad, lo que equivalía a una explicación discreta de los motores de su arquitectura.

Perteneciente a la promoción de 1959, que reunió entre otros a Fernando Higueras, Miguel de Oriol o Luis Peña Ganchegui, y que Ángel Urrutia señala como impulsora de un nuevo paradigma profesional, Inza fue un artista poliédrico, casi renacentista: arquitecto, pintor, músico, escritor y poeta. Sus inquietudes plásticas, incompatibles con la manera moderna ortodoxa, le llevaron a una intuitiva recuperación del expresionismo de las vanguardias europeas o de sus versiones más avanzadas de después de la segunda guerra mundial.

Como en otros casos su universo poético desapareció por su prematuro fallecimiento dejando una honda huella en los que fueron sus alumnos y un enorme e irrellenable vacío en la cultura arquitectónica española.

Publicado anteriormente en el ANUARIO DE LA UNIVERSIDAD INTERNACIONAL SEK nº7. Santiago de Chile, 2001. pp. 87-92.

Curro Inza, maestro de la «forma compleja» o la metáfora como deber (2001)

El 30 de julio de 2001 se cumplían 25 años de la desaparición de un arquitecto muy ligado –por diversos conceptos– al ámbito segoviano: su nombre, Curro Inza. Personaje inquieto, eminentemente polifacético, además de arquitecto, Inza ejerció como pintor, dibujante, músico, escritor, editor y profesor universitario.

Un recorrido por la obra segoviana del autor sirve para desentrañar su mecánica proyectual –la metáfora como deber–, en las antípodas conceptuales de la que puede ser considerada corriente dominante en el siglo XX, la arquitectura miesiana.

Francisco de Inza Campos nació en Madrid el 22 de julio de 1929. Tras preparar infructuosamente el ingreso en la carrera de Arquitectura en Madrid, se trasladó a Barcelona para lograr su propósito. Este aparente retraso le sirvió para alimentar sus inquietudes plásticas e intelectuales con el estudio del dibujo, la pintura mural y la filosofía en las Escuelas de Bellas Artes y en las Facultades de Filosofía de esas dos ciudades. También ese aparente retraso, junto a su abierta personalidad y sus peculiares inquietudes, pronto le convirtieron en una referencia en la Escuela de Arquitectura de Madrid, donde finalmente regresó para terminar sus estudios. Perteneciente a la llamada «Promoción de 1959»,[105] integrada entre otros nombres señeros por los

---

[105] Ángel Urrutia señala que con esta Promoción de 1959 «se acrecienta el número de arquitectos que tratan de superar el estricto racionalismo y el aséptico funcionalismo de cuño tecnológico todavía en vigor». Cfr. ÁNGEL URRUTIA. Arquitectura española siglo XX. Manuales Arte Cátedra, S.A. Madrid, 1997, p. 504.

En el mismo texto, Urrutia apunta como componentes destacados de la Promoción a «Pablo Arias García (1929), Juan Pedro Capote Aquino (1928), Emilio Miguel Chinarro Matas; Heliodoro Dols Morell, Juan Gefaell Gorostegui, Fernando Higueras Díaz, Eduardo Mangada Samain (1932), José María Martínez Diego (1931), Francisco Javier Martínez-Feduchi Benlliure —Javier Feduchi—, Antonio Miró Valverde (1930), Vicente Orbe y Piniés (1926), Miguel de Oriol e Ibarra (1933), Luis Peña Ganchegui, Juan

Miguel Oriol, Fernando Higueras o Luis Peña Ganchegui, Inza fue un arquitecto de escasa aunque fulgurante obra. Este hecho –la relativa exigüidad de su obra– hace más valiosa si cabe la circunstancia de que en la provincia de Segovia se encuentren tres de sus más importantes proyectos; obras que merecen figurar en cualquier guía de arquitectura contemporánea de la región y aún de nuestro país entero: la Casa en Rascafría, para José María Sánchez de Muniaín; la Fábrica de embutidos El Acueducto y el que fuera Centro Escolar Antonio Machado en El Pinarillo.[106]

Pero al margen de estas obras –que se analizan a continuación– la historia personal de este arquitecto se ligó a Segovia, como la de tantos otros españoles de su generación, a raíz de los «campamentos» de La Granja donde obtuvo el grado de alférez de Artillería. También en estas tierras conoció a la que sería su compañera de toda la vida, María de los Ángeles Serrano, con la que contrajo matrimonio en el mes de agosto de 1960 y con la que engendró una numerosa prole.[107]

Antes de adentrarnos en consideraciones personales relativas a este arquitecto, habría que señalar que Inza pertenece a esa no por larga, menos densa lista de excelentes arquitectos sólo bien conocidos en el ámbito profesional y que, por falta de ambición, por despreocupación personal o por desinterés social no han alcanzado la populari-

---

Antonio Ridruejo Brieva (1935), José Serrano-Súñer Polo (1932), Manuel Sorge Fernández y Emilio de la Torriente Castro (1934)...» De modo excepcional la revista Arquitectura —editada por el Colegio de Arquitectos de Madrid y dirigida por el omnipresente Carlos de Miguel— publicó la colección de Proyectos de Fin de Carrera de esta CX Promoción de la Escuela de Madrid, dedicados al tema de una Capilla funeraria en un Cementerio Militar. Cfr. ARQUITECTURA 9, septiembre 1959. pp. 8-26. A este acontecimiento no resultó ajeno el hecho de que el propio Inza trabajase desde meses atrás en la redacción de la revista. El arquitecto madrileño siguió haciéndolo durante muchos años más, incluso una vez trasladado a Pamplona.

[106] Propiedad de la Junta de Castilla y León, el que fuera complejo escolar es hoy en día un agregado de centros e instituciones de muy diferente cuño: Centro de Salud Mental, Centro de Salud Segovia Rural, Centro de día «Antonio Machado», Observatorio meteorológico, Compañía de Teatro para discapacitados Ánade y la Oficina Provincial de Segovia de la Cruz Roja Española.

[107] Curro Inza y Angeles Serrano tuvieron, en sus 16 años de matrimonio, 10 hijos: Juan, Belén, Carlos, Jerónimo, Cristina, Paula, Rocío, Margarita, Susana y Laura (hija póstuma del arquitecto nacida el 5 de septiembre de 1976). Es posible que esta dimensión de Inza sirva para explicar su sensibilidad en el acercamiento al proyecto de colegio de El Pinarillo.

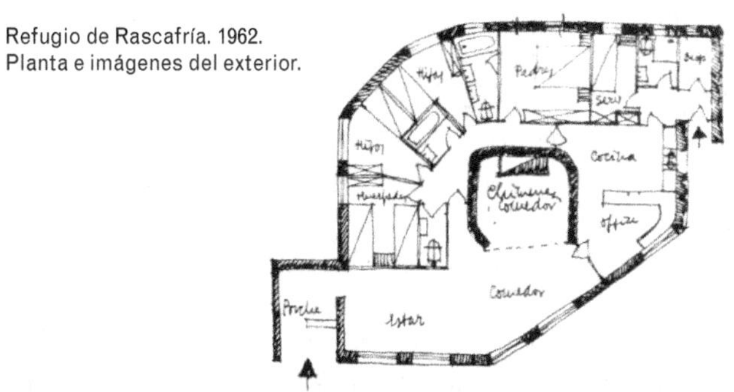

Refugio de Rascafría. 1962.
Planta e imágenes del exterior.

dad que les correspondería por su talento.[108] Profesional de marcada personalidad, su fuerte vocación plástica le llevó a plantear obras y proyectos de gran contenido formal, completamente al margen –si no opuestos– a la corriente dominante de su época: la arquitectura «de los muros cortina a lo Mies van der Rohe».[109]

Buen ejemplo de aquella tendencia resulta la Casa de El Cerrillo en Rascafría –un auténtico refugio– que fue, además, la primera vivienda proyectada por el arquitecto. Discurría el año 1962 cuando el Catedrático de Estética de la Universidad Complutense de Madrid, José María Sánchez de Muniaín, amigo de la familia desde la infancia del propio Inza, formuló el encargo. Aproximadamente a un kilómetro del Monasterio del Paular, en un cerro junto a la carretera de Lozoyuela a Cotos se alza la vivienda, en un punto agreste y pedregoso rodeado por las sierras de Navacerrada, Somosierra y el puerto de la Morcuera.

Desde el primer acercamiento a este proyecto centra la atención del observador su original trazado. Se trata de una pieza compacta, con planta en forma de espiral alrededor de un generosísimo hogar-chimenea dentro del cual se organiza el propio comedor. El arquitecto explicaba así la formulación de la casa:

> *«Traté de organizar la vivienda alrededor del fuego –el clima es durísimo–, siguiendo una idea semejante a la que se emplea en los climas cálidos, en los que se desarrolla la vivienda alrededor del patio. Así, pues, el cogollo de la casa es la chimenea».*[110]

Así, siguiendo esta explicación, podría hablarse con toda propiedad de una casa-patio aunque en negativo. Esta disposición de la vivienda

---

[108]   Precisamente esta nota es una de las comunes a todos los arquitectos tratados en este volumen y que también podría aplicarse a otros en el mismo contexto geográfico y temporal, como Rafael Aburto, Luis Laorga o José Luis Romany.

[109]   Tomo prestada esta observación y su expresión del acertado comentario de Rafael Moneo, escrito con motivo de la exposición de homenaje a Curro Inza en la Escuela de Arquitectura de Pamplona. Cfr. AAVV. El arquitecto Curro Inza, CIRSA. Madrid 1978. p. 99.

[110]   Cfr. AAVV. *Op. cit.* p. 49.

–generada a partir de la gigantesca chimenea-comedor– remite en efecto a otros ejercicios domésticos en climas particularmente fríos; un referente, también para su formulación interior, podría ser la casa de campo del arquitecto sueco Erik Gunnar Asplund en Stennäs (Suecia, 1937).

No obstante, la diferencia con el proyecto de Inza radicaría en que la propia casa de Rascafría –en su generación– parece seguir las leyes mismas del fuego, surgiendo desde el hogar y creciendo hacia el exterior en forma de espiral. Esta idea poética, presente en la generación profunda del proyecto hablaría con elocuencia de la capacidad inventiva, de la originalidad radical del arquitecto madrileño.

En efecto, la misma complejidad que se adivina en la planta se advierte en las secciones –y por ende en el espacio interior de la vivienda– ya que, según crece la distancia entre los muros perimetrales y los contenedores del hogar-chimenea, también aumentan las alturas de los mismos, de tal suerte que las piezas más alejadas del origen se plantean con una doble altura que sirve para albergar un estudio relativamente grande.

No obstante, el recurso a técnicas constructivas populares, como el muro de mampostería o las bóvedas tabicadas, situarían esta obra en un punto de sereno anonimato, expresión de una voluntad de resolver las necesidades planteadas por el cliente y muy lejos del deseo de autoafirmación tantas veces presente en nuestra profesión. El propio Sánchez de Muniaín apuntaba a propósito de este encargo y desde su privilegiada atalaya de especialista en Estética algunas de las cualidades de Curro Inza:

> *«El amor a las calidades de la materia, el sentimiento del volumen y el color (su innata vocación de pintor y de escultor le impidió quizás dedicarse a ganar dinero con su noble profesión), y la proyección de lo humano sobre la obra, en cuanto está hecha para ser vivida. Tres dimensiones de su arte que se corresponden con tres cualidades suyas personales (...): la artesanal, la artística y la hondamente humana».*

Pocos meses después de concluir esta obra en la sierra segoviana, Curro Inza recibió, junto a su compañero de promoción Heliodoro Dols, el encargo de los hermanos Postigo –industriales asentados en la comarca desde tiempos remotos– para proyectar una fábrica de embutidos en las afueras de Segovia: la fábrica «El Acueducto».

Como la mayor parte de las ciudades en nuestros días, Segovia se encuentra abrazada por un cinturón industrial, peaje poco menos que inevitable para el progreso de las sociedades urbanas. Precisamente por la situación de avanzadilla de la mencionada fábrica en aquel cinturón –hasta fechas bien recientes la primera que se encontraba en el acceso a la ciudad por la carretera desde San Rafael–, pocas ciudades como ésta han podido presumir de una imagen industrial tan cuidada y elegante.

Al referirse a este proyecto Inza siempre insistió en la seriedad del planteamiento de la fábrica y de su actividad por parte de la propiedad: los viajes para la optimización del programa, el estudio de la estructura atendiendo a las mismas necesidades programáticas, el recurso a los materiales cerámicos y otras soluciones constructivas en función del territorio de asentamiento.

En el desarrollo interno del programa, este ejercicio muestra con elocuencia cómo –en la verdadera arquitectura– desde el mundo clásico al último high-tech pasando por el románico o el gótico, la fidelidad constructiva a una necesidad formulada con claridad y determinación a priori, puede generar una verdadera invención formal. En el caso de la fábrica que nos ocupa, la exigencia higiénica de que los techos fueran completamente planos por dentro, evitando todo tipo de cerchas o tirantes, y facilitando de este modo la limpieza de los locales, provocó la proyección al exterior de todos los sistemas estructurales, generando una imagen en muy poco alejada del expresionismo alemán que a principios del siglo XX sacudió el panorama arquitectónico europeo.[111]

---

[111]   A la hora de escribir estas líneas tengo ante mis ojos algunas fotografías antiguas de la Fábrica de productos químicos de Hans Poelzig en Luban, junto a Poznan (Polonia, 1911-12) o el Segundo Goetheanum de Rudolf Steiner en Dornach (Suiza, 1924-28).

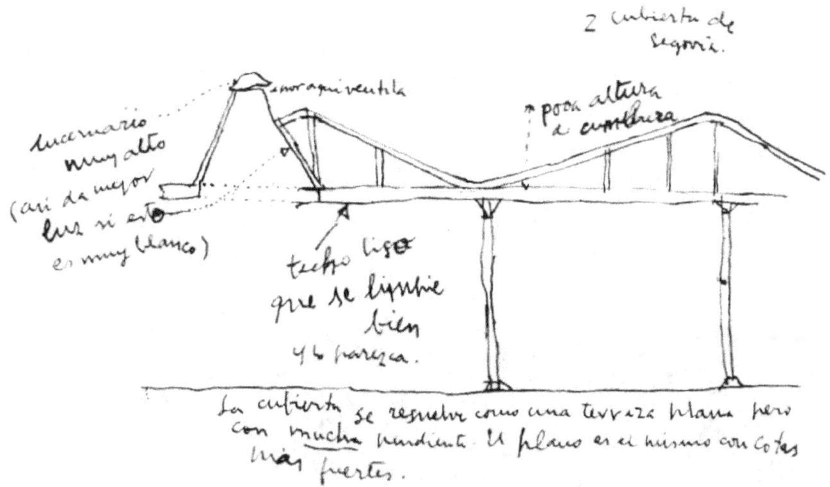

Fábrica de Embutidos "El Acueducto", 1963-1967. Croquis de sección.

Fábrica de Embutidos "El Acueducto", 1963-1967. Vista exterior.

Fábrica química en Luban. Hans Poelzig. 1911-1912. Fotografías de la época.

Complejo en El Pinarillo. 1976. Vista original con la Catedral de Segovia al fondo.

El material escogido para la fábrica de Segovia fue un ladrillo macizo
de tejar –que sirve para subrayar una cierta imagen de carácter ver-
nacular– combinado en los acabados exteriores –zócalos y cubiertas–
con una baldosa hidráulica de color castaño. En efecto Inza, que más
adelante tendría ocasión de proyectar otras fábricas que podríamos
calificar de más convencionales,[112] quiso evitar aquí una presencia
tecnológicamente fuerte, procurando por contra una evocación del
pueblo castellano –de su imagen– con su compleja volumetría de
baja altura, contrastando con la altura de su torre fortificada, dedicada en la fábrica en cuestión a secaderos naturales. El gran volumen
necesario para dar cabida al complejo programa de aprovechamiento

---

[112]   Como la fábrica Mapsa en Orcoyen (1972) ó la fábrica Pivana en Noain (1975), ambas en Navarra.

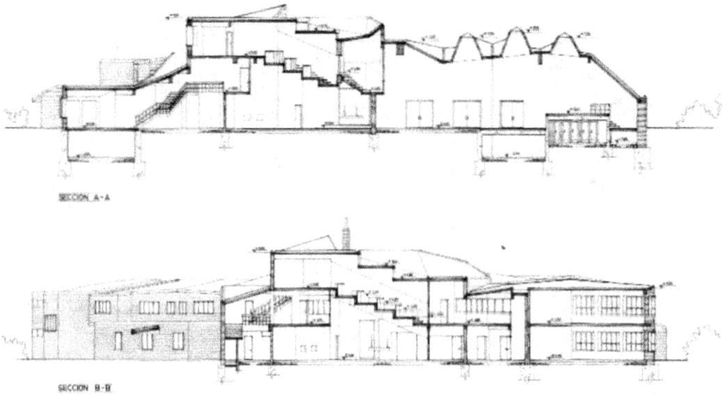

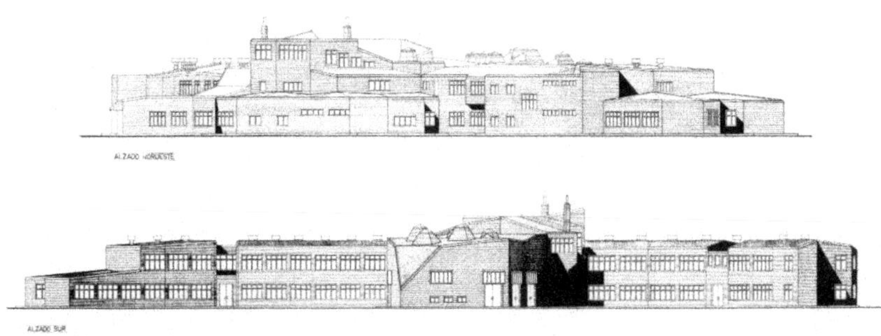

Complejo en El Pinarillo. 1976. Secciones.

Complejo en El Pinarillo. 1976. Alzados.

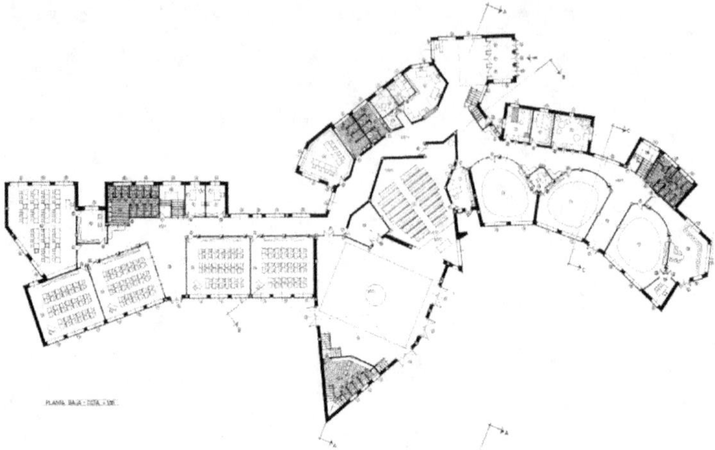

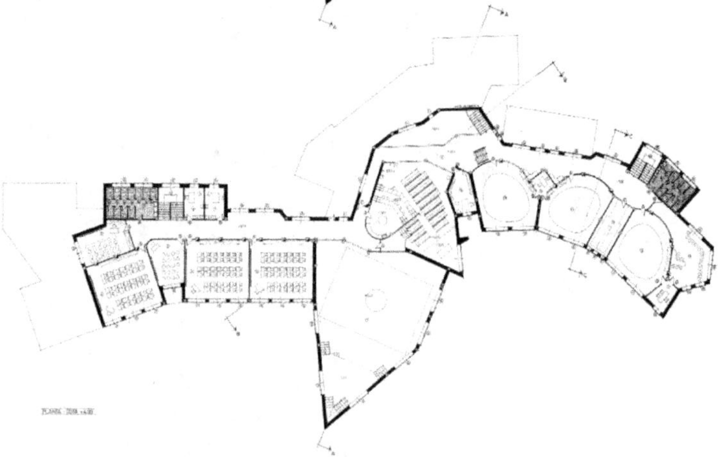

Complejo en El Pinarillo. 1976. Plantas.

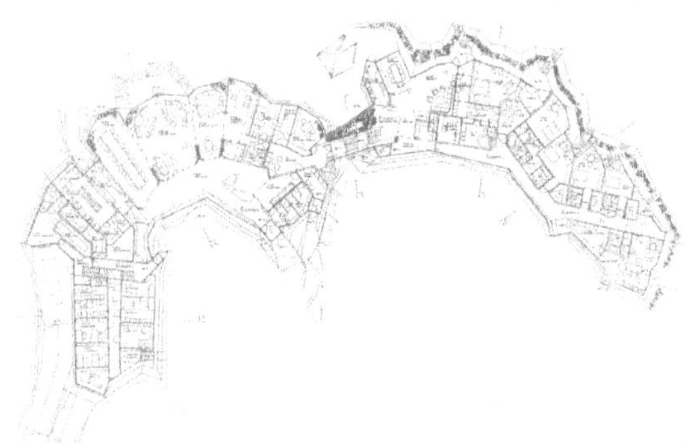

Residencia oficial del presidente de la República de Finlandia
en Mäntyniemi, Helsinki. Reima Pietilä. 1984-1993. Planta.

del animal, se descompuso en una multitud de cuerpos de tamaño menor que terminaban de articular el conjunto y que con sus irregulares cubiertas evocaban también el territorio circundante, convirtiéndose así en un sofisticado ejercicio de sensibilidad, de creación y de diseño: un abstracto mar artificial de baldosa hidráulica sobre las tierras yermas de Castilla. Paisaje sobre paisaje.[113]

Finalmente, el encargo del Colegio «Antonio Machado» en El Pinarillo de Segovia a mediados de la década de los setenta –como ya se ha señalado más arriba, hoy sede de un agregado de centros e instituciones– marca el cierre de la obra de este arquitecto. En efecto, este conjunto se convertiría incluso en «obra póstuma», pues la temprana desaparición de Inza impidió que viviera para dirigir sus obras y verlo concluido.

En su definición el arquitecto volvió a insistir en el empleo del mismo material, una pieza cerámica de acabado marcadamente rústico y dimensiones claramente superiores a las convencionales lo que junto al complejo trazado del conjunto y su privilegiada ubicación –en un promontorio en las afueras de la ciudad que aún conserva unas vistas excepcionales– contribuye a la convicción por parte del observador de estar ante una pieza verdaderamente extraordinaria.

La sorprendente dinamicidad de sus plantas y secciones, y como consecuencia, de sus espacios principales, –probablemente consecuencia de una alusión formal directa a los juegos de construcción por piezas, empleados por los propios niños y que Inza debía conocer muy bien– resulta hoy mucho más comprensible que hace 25 años,[114] cuando la obra fue proyectada. Curro Inza se muestra en este proyecto como un adelantado a su tiempo, manifestando unas inquietudes ciertamente inusuales en aquel momento y en esta latitud. En efecto,

---

[113] En todo caso conviene asignar su papel en este proyecto a Heliodoro Dols, compañero de promoción de Inza y coautor de la fábrica. La formalización del Santuario de Torreciudad en el Pirineo aragonés, que entonces comenzaba a proyectarse, y sus aspiraciones de confundir su volumen y sus materiales con un pueblo de la comarca, habla de la misma formulación regionalista crítica *avant-la-lettre* que se respira también en la fábrica segoviana.

[114] Hoy son ya casi cuarenta años y el tiempo ha jugado a favor de la explicación ofrecida.

Curro Inza pintando y posando junto al mural pintado por él mismo en la fábrica de embutidos "El Acueducto". 1967.

Retrato al óleo de Curro Inza, pintado por Manuel Alcorlo.

este complejo segoviano apunta formalmente a las arquitecturas de un Eero Saarinen o de un Reima Pietilä,[115] maestro finlandés y uno de los padres de la llamada «forma compleja».

Igualmente, en el terreno de la función, la memoria preparada por el arquitecto para acompañar el proyecto habla de la extraordinaria sensibilidad de Inza para los que él consideraba sus clientes y en aquel momento lo eran, los niños:

> *«No basta –aunque parece desde luego indispensable– la limpia resolución tecnológica de determinados problemas higiénicos y constructivos. (...) No basta tampoco la perfecta resolución económica de la obra, ni siquiera el buen aspecto plástico de la misma. Existe también, según se ve, algo así como misterioso y emocionante que hay que tener en cuenta de seguro. Y es que dentro de ese edificio van a jugar, trabajar y vivir algunos personajes que pueden dar también algunas vueltas al arquitecto que les hizo la escuela, en cuanto a finura, poesía y sensibilidad. Y además a algunos de ellos les parecen más importantes el estanque con peces, las fuentes, el pajarito y la máquina de afilar lápices que otras cosas. Y les gustan más».*

---

[115]   En efecto, resulta llamativa la analogía de este conjunto con el proyecto para la residencia oficial del presidente de la República de Finlandia en Mäntyniemi, Helsinki (1984-93).

Estas reflexiones vuelven a poner sobre la mesa la visión humanística de la arquitectura que Inza siempre defendió en el plano teórico y, lo que es más difícil, en la coherencia de su obra. Como queda de manifiesto en esta pequeño pero significativo elenco de obras, Curro Inza buscó y supo encontrar las claves de su arquitectura en fuentes tan diversas como las obras de Antonio Gaudí, el Le Corbusier de la capilla de Ronchamp, las arquitecturas de los maestros nórdicos modernos, los expresionismos de un Hans Poelzig o un Rudolf Steiner, o la mismísima tradición popular, que ya fuera señalada como modelo en los primeros años del racionalismo arquitectónico europeo.[116] Así, Inza supo enlazar con una modernidad alternativa a la que el devenir de la historia había consagrado como oficial: la modernidad del expresionismo frente al purismo; la modernidad del organicismo frente al racionalismo; o –en términos mucho más recientes– la modernidad de la «forma compleja» frente a la «caja moderna».

No quedaría completo este boceto de la riquísima personalidad de Curro Inza si no hiciésemos siquiera mención de algunas otras de sus actividades artísticas y profesionales. En efecto –y como ya se ha apuntado más arriba– Inza ejerció como redactor de la revista Arquitectura que, bajo la inteligente dirección de Carlos de Miguel se convirtió con diferencia en el más activo e importante foco de debate y difusión profesional en aquellos difíciles años en los que se completó el proceso de modernización de la arquitectura en España. En aquella tarea y en los casi doce años en los que ocupó el puesto de Secretario de Redacción, coincidió con otros nombres señeros de la arquitectura española como el propio Carlos de Miguel, Luis Moya Blanco, Antonio Fernández Alba –con el que Inza mantuvo también una notable relación profesional fuera de la redacción–

---

116   Sirvan como apunte de apoyo al respecto las anotaciones del arquitecto Martín Domínguez al hilo de la conferencia de Le Corbusier celebrada en la Residencia de Estudiantes de Madrid en 1928: *«Nos hablaba sorprendido sobremanera al comprobar que, mucho de lo que él consideraba haber sido una contribución personal al léxico arquitectónico contemporáneo: escuetas formas puristas, alba blancura de muros encalados, huecos que los perforan con elocuente decisión, lo había visto al vuelo del tren que corría hacia Madrid, en pueblo tras pueblo del trayecto, realizado desde tiempo inmemorial por los anónimos maestros albañiles de aquellas solemnes tierras de Castilla».* Cfr. REVISTA NUEVA FORMA. Mayo de 1971. Le Corbusier en recuerdos y presupuestos personales. Martín Domínguez.

Alejandro de la Sota, Julio Cano Lasso, Javier Carvajal o Miguel de
Oriol, entre otros.

La poliédrica personalidad artística de Inza supo expresarse igualmente en el terreno de la pintura, en donde sobresalió como muralista
para obras de arquitectura de amigos y compañeros,[117] en la música –
como más que aceptable y sorprendente intérprete–[118] o en la poesía.[119]

Para terminar también quisiera hacer referencia a la labor docente
de Curro Inza en el ámbito universitario, por cuanto también en este
terreno pueden encontrarse ciertas analogías con el ámbito segoviano. En efecto, la vida y la obra de este arquitecto tomaron un ines-
perado giro cuando en 1968 aceptó la oferta de la por entonces casi
recién nacida Escuela de Arquitectura de Pamplona para convertirse
en Profesor de Proyectos. En la huella dejada en aquella Universidad
y especialmente en los que fueron sus alumnos, cabe entender en
qué medida esta ocupación no fue un mero complemento de su labor
profesional, sino verdadero cumplimiento de la que fuera su decla-
rada y principal vocación: la de servir. Sin lugar a dudas, Curro Inza
prestó su obra –y su vida– para mostrar que, frente al ascético «menos es más» que Mies van der Rohe convirtió en lema de referencia
para una ingente legión de arquitectos del siglo XX, también cabe un
ilusionado y enriquecedor «más... es más». El «más es más» de una
proyectación basada en la metáfora formal –el fuego en el refugio de

---

[117]   Inza empezó esta actividad ligado a la iglesia de Belén en Barcelona, cuando preparaba por
segunda vez su ingreso en la Escuela de Arquitectura en 1953. Este mural fue realizado en colaboración con Navarro Rodón. En 1959 pintó la capilla del Regimiento de Artillería 75 en Getafe, y las
oficinas de Clesa en Madrid. También contribuyó a decorar la parroquia del Poblado del Rincón de
Ballesteros, proyectado en 1960 por Carlos Sobrini y levantado por el Instituto Nacional de Colonización en la provincia de Cáceres. Posteriormente, ya en 1967, Inza realizó sendos murales en dos
portales de Madrid —en la calle Corazón de María, 21 y en la calle Clara del Rey— y el gran mural en
la fábrica de embutidos de Segovia.

[118]   En una pintura que aspiraba a convertirse en imposible síntesis de la riquísima existencia
de Curro Inza, –rodeado de una representación de las obras de su vida, con especial atención a
la presencia de su mujer y su extensísima prole– Manuel Alcorlo retrató, significativamente, a su
amigo, con un aparatoso trombón en sus manos y otro instrumento de cuerda –un violín, una viola– a
sus pies.

[119]   Como prueba de esta afirmación, véase su libro de cuentos y poemas titulado *El Cocodrilo*,
escrito en sus años de estudiante entre 1951 y 1956.

Rascafría, el pueblo castellano en la fábrica de embutidos o el juego
de construcción infantil en el colegio de El Pinarillo– y, en consecuencia, bien alejada del modelo de la abstracción moderna que ha
dominado sin discusión el siglo XX y cuyo mejor exponente fuera
precisamente la arquitectura miesiana. Hoy, a los 25 años de su desaparición física, aún hemos de situar el nombre de Francisco de Inza
Campos en el lugar destacado en la historia de la arquitectura del
siglo XX que le corresponde.

BIBLIOGRAFÍA

Capítulo 1
LA ARQUITECTURA DE RICARDO FERNÁNDEZ VALLESPÍN PARA EL CSIC: LA IMPOSIBLE MODERNIDAD DE LA POSGUERRA ESPAÑOLA

AAVV, Miguel Fisac. Medalla de Oro de la Arquitectura, Catálogo de la exposición, Ministerio de Fomento y Consejo Superior de los Colegios de Arquitectos de España, Madrid, 1997.

AAVV. Los brillantes 50. 38 proyectos. Ediciones de la Universidad de Navarra. Pamplona, marzo de 2004.

JOSÉ IBÁÑEZ MARTÍN. X años de servicios a la cultura española. Madrid 1939-1949. Impreso en Hijos de Heraclio Fournier S.L. y Ed. Magisterio Español, Vitoria-Madrid, julio de 1950.

ÁNGEL URRUTIA. Arquitectura española siglo XX. Manuales Arte Cátedra. Madrid, 1997.

BOLETÍN DE LA DIRECCIÓN GENERAL DE ARQUITECTURA, volumen I, núm. 1. Diciembre de 1946. "Consejo Superior de Investigaciones Científicas".

BOLETÍN DE LA DIRECCIÓN GENERAL DE ARQUITECTURA, volumen IV, núm. 13. Enero de 1950. "La primera Misa de un arquitecto".

Revistas

REVISTA NACIONAL DE ARQUITECTURA. Octubre de 1953. "Edificio para el Patronato Juan de la Cierva", Ricardo Fernández Vallespín, arquitecto.

Capítulo 2
ASÍS CABRERO EN DOS TIEMPOS

AAVV. La Vivienda Experimental. Concurso de Viviendas Experimentales de 1956. Fundación Cultural COAM. Madrid, 1997.

FRANCISCO DE ASÍS CABRERO. Los cuatro libros de arquitectura. COAM. Madrid, 1992.

JAVIER CLIMENT (Ed.). Francisco Cabrero, arquitecto. Xarait. Madrid, 1979.

CARLOS FLORES. Arquitectura Española Contemporánea, II 1950-1960. Aguilar S.A. de Ediciones. Madrid, 1989.

ALBERTO GRIJALBA. La arquitectura de Francisco Cabrero. Universidad de Valladolid, 2000.

LUDWIG MIES VAN DER ROHE. Escritos, Diálogos y Discursos. Colegio de Arquitectos Técnicos de Murcia, 1981.

ÁNGEL URRUTIA. Arquitectura española siglo XX. Manuales Arte Cátedra, S.A. Madrid, 1997.

LUIS FERNÁNDEZ-GALIANO; JUSTO F. ISASI Y ANTONIO LOPERA. La Quimera moderna. Los poblados dirigidos de Madrid en la arquitectura de los 50. Hermann Blume. Madrid, 1989.

Capítulo 3
JOSÉ LUIS FERNÁNDEZ DEL AMO Y LA COLONIZACIÓN DE LA MODERNIDAD DESDE EL INC

MANUEL CALZADA PÉREZ. Pueblos de Colonización I: Guadalquivir y cuenca mediterránea sur. Colección Itinerarios de Arquitectura 03. Fundación Arquitectura Contemporánea. Córdoba. Diciembre 2006.

MANUEL CALZADA PÉREZ. Pueblos de Colonización II: Guadiana y Tajo. Colección Itinerarios de Arquitectura 04. Fundación Arquitectura Contemporánea. Córdoba. Diciembre 2007.

MANUEL CALZADA PÉREZ. Pueblos de Colonización III: Ebro, Duero, Norte y Levante. Colección Itinerarios de Arquitectura 05. Fundación Arquitectura Contemporánea. Córdoba. Septiembre 2008.

MIGUEL CENTELLAS SOLER. Los pueblos de colonización de Fernández del Amo. Arte, arquitectura y urbanismo. Colección arquia/tesis 31. Barcelona, 2010.

JOSÉ LUIS FERNÁNDEZ DEL AMO. Fernández del Amo. Arquitectura 1942-1982. (Catálogo de la Exposición). Ministerio de Cultura. Dirección General de BBAA y Archivos. Madrid, 1982.

JOSÉ LUIS FERNÁNDEZ DEL AMO. Palabra y Obra. Escritos reunidos. Colección textos Dispersos. COAM. Madrid, 1995.

FRANCISCO JAVIER MONCLUS y JOSÉ LUIS OYÓN. Historia y evolución de la colonización agraria en España, Volumen I. IEAL (MAP); IRYDA y SGT (MAPA); DGVA e ITUR (MOPT). Madrid, 1988.

ALFREDO VILLANUEVA y JESÚS LEAL. Historia y Evolución de la Colonización Agraria en España. Volumen III: La Planificación del Regadío y los Pueblos de Colonización. IEAL, IRYDA y SGT, DVGA e ITUR. Madrid, 1990.

JOSÉ LUIS TAFUR. Vegaviana. Colección extraordinaria de Cuadernos de Arte. Salas de Exposiciones del Ateneo de Madrid. Madrid, 1959.

Revistas

REVISTA NACIONAL DE ARQUITECTURA n. 83. Noviembre 1948
Proceso urbanístico de nuestra colonización interior. José Tamés Alarcón

REVISTA NACIONAL DE ARQUITECTURA n. 83. Noviembre 1948
El Instituto Nacional de Colonización. Fernando de Montero

REVISTA NACIONAL DE ARQUITECTURA n. 163. Julio 1955
Nuevo pueblo de Belvis del Jarama. José Luis Fernández del Amo

REVISTA NACIONAL DE ARQUITECTURA n. 202. Octubre 1958
Un poblado de Colonización: Vegaviana. José Luis Fernández del Amo

ARQUITECTURA n. 7. Julio 1959
El pueblo de Vegaviana (Cáceres, José Luis Fernández del Amo). Francisco Javier Sáenz de Oíza

ARQUITECTURA n. 49. Enero 1963
Villalba de Calatrava (Nuevo poblado del INC) (Toledo) José Luis Fernández del Amo

ARQUITECTURA n. 98. Febrero 1967
Poblado de Cañada de Agra INC (Albacete). José Luis Fernández del Amo

ARQUITECTURA n. 192. Diciembre 1974
Del hacer de unos pueblos de Colonización, José Luis Fernández del Amo

Capítulo 4
ENTRE EL REALISMO Y LA UTOPÍA: EL MADRID DE JULIO CANO LASSO

JULIO CANO LASSO. Julio Cano Lasso, arquitecto. Xarait Ediciones, Madrid 1980.

JULIO CANO LASSO. La ciudad y su paisaje. Edición del autor, Madrid 1985.

JULIO CANO LASSO. Conversaciones con un arquitecto del pasado o diálogo de la técnica y el espíritu. Cuento. Edición del autor. Madrid, 1989.

LOUIS KAHN, idea e imagen. Xarait Ediciones, Madrid 1981.

ÁNGEL URRUTIA. Arquitectura española siglo XX. Manuales de Arte Cátedra. Madrid, 1997.

Capítulo 5
CÉSAR ORTIZ-ECHAGÜE: EL OLVIDADO VAN DER ROHE ESPAÑOL

ANTONIO AREAN FERNÁNDEZ, JOSÉ ÁNGEL VAQUERO GÓMEZ Y JUAN CASARIEGO CÓRDOBA. Madrid, Arquitecturas perdidas 1927-1986. Ed. PRONAOS, 1995.

CARLOS FLORES. Arquitectura española contemporánea. Aguilar, 1961.

GIORDANO FORTI. Architecture industriali. Ed. Görlich. Milán, 1964.

WALTER HENN. Internationales Beispiele, Industrienbeu. Ed. Verlag Callwey, 1962.

UDDO KULTERMANN. Nueva arquitectura Mundial desde 1958. Ed. GG, 1965.

LUIS NÚÑEZ. César Ortiz Echagüe y Rafael Echaide. Colección «Artistas Españoles contemporáneos» del MEC, 1973.

CÉSAR ORTIZ-ECHAGÜE. La arquitectura española actual. Ed. RIALP, Madrid, 1965

JOSÉ MANUEL POZO. Rafael Echaide, arquitecto. 1923-1994. ETSAUN Monografías. Escuela de Arquitectura Universidad de Navarra. Pamplona, 1994.

Revistas

REVISTA NACIONAL DE ARQUITECTURA 179. Noviembre 1956, Comedores para una industria de automóviles en Barcelona. (Ortiz-Echagüe, De la Joya, Barbero, y Valle). Pág. 15-20.

ARQUITECTURA 4. Abril 1959. Dos sucursales bancarias en Madrid; C/Esparteros 12 y Avda. de José Antonio 67. (Ortiz-Echagüe, Echaide y Chinarro). Pág 41-45.

ARQUITECTURA 61. Enero 1964.
Ortiz-Echagüe Rubio, César: Título 1952 y Echaide Itarte, Rafael: Título 1955.
Edificio comercial SEAT en la Gran Vía de Barcelona. (Ortiz-Echagüe, Echaide)
Edificio para SEAT en Sevilla. (Ortiz-Echagüe, Echaide)
Edificio SEAT en Madrid. Pº de la Castellana. (Ortiz-Echagüe, Echaide, Barbero y De la Joya)
Banco Popular Español. C/Alcalá c/v Cedaceros, Madrid. (Ortiz-Echagüe, Echaide, Cotelo Villareal)
Pág. 28-41.

ARQUITECTURA 94. Octubre 1966. Oficinas para SEAT en Madrid. Pº de la Castellana. (Barbero, De la Joya, Ortiz-Echagüe y Echaide). Pág. 25-29.

ARQUITECTURA 142. Octubre 1970. Colegio Retamar en Pozuelo de Alarcón. Ortiz-Echagüe, Echaide y De la Joya). Pág. 56-58.

ARQUITECTURA 186. Junio 1974. Ortiz-Echagüe Rubio, César: elegido académico de Bellas Artes en Baviera. Pág. 4-5.

Capítulo 6
LA PIEL DURA: ELEUTERIO POBLACIÓN, ARQUITECTO DEL EDIFICIO BEATRIZ

IÑAKI ÁBALOS y JUAN HERREROS, Técnica y arquitectura en la ciudad contemporánea, 1950-1990. Editorial Nerea. Madrid, 1992.

EDUARDO DELGADO ORUSCO. Artrópodos y Omatidios. El proyecto de escultura de Jorge Oteiza para el edificio Beatriz: una historia inconclusa. Fundación Jorge Oteiza. Pamplona, 2010.

EDUARDO DELGADO ORUSCO. La piel dura. El edificio Beatriz, Madrid. Eleuterio Población Knappe. Ediciones Lampreave. Madrid, 2013.

CARMEN GIMÉNEZ SERRANO (Ed.) Arquitectura bancaria en España. Ministerio de Fomento y Sociedad editorial Electa. Madrid, 1998.

SALVADOR PÉREZ ARROYO. Los años críticos. 10 arquitectos españoles. Fundación Antonio Camuñas. Madrid, 2003.

ELEUTERIO POBLACIÓN KNAPPE. Discurso de recepción del Ilmo. Sr. D. Eleuterio Población Knappe, como Académico numerario de la Real Academia de Bellas Artes de Santa Isabel de Hungría: "Arquitectura y Música, Expresiones Paralelas".

ELEUTERIO POBLACIÓN KNAPPE. Teoría del módulo y coordinación dimensional. Fundación Fidas. Sevilla, 2008.

Revistas

ARQUITECTURA n. 64. Año 6, Abril 1964. Número extraordinario dedicado a 25 años de arquitectura española.

APUNTES, volumen 21, núm. 2, 2008. La modernidad española como relato de las periferias. Laboratorio arquitectónico y visiones urbanas en el alejado sur íbero. Mar Loron Méndez

CAMBIO 16, n.742. 17 de febrero de 1986. p. 111.

Capítulo 7
CURRO INZA, MAESTRO DE LA «FORMA COMPLEJA» O LA METÁFORA COMO DEBER

AAVV. El arquitecto Curro Inza. CIRSA. Madrid, 1978.

AAVV. Pietilä. Intermediate zones in modern architecture. Museo de Arquitectura finlandesa y Museo Alvar Aalto. Helsinki, 1985.

Revistas

ARQUITECTURA n. 46. Octubre 1962. La arquitectura del barro y el pedregal. Francisco Inza. pp. 39-47.

ARQUITECTURA n. 72. Diciembre 1964. Casa en Rascafría (Segovia). Francisco Inza. pp. 26-30.

ARQUITECTURA n. 95. Noviembre 1966. Algunas notas sobre arquitectura e industria. Francisco Inza. pp. 1-5.

ARQUITECTURA n. 95. Noviembre 1966. Fábrica de chorizos en Segovia. Francisco Inza. pp. 18-23.

ARQUITECTURA n. 153. SEPT 1971. Los arquitectos critican sus propias obras. Francisco de Inza. Fábrica de chorizos en Segovia. Carlos Castro. pp. 53-58.